高职高专经济管理专业
示范建设丛书

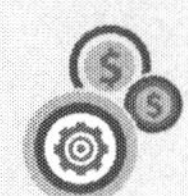

管理能力训练

GUANLI NENGLI XUNLIAN

主 编 杨和平 向月军
副主编 张全胜 宋丽丽 徐 强
参 编 张恩广 骆雪峰 陈现军
李旭东 胡江霞

西南师范大学出版社
国家一级出版社 全国百佳图书出版单位

图书在版编目(CIP)数据

管理能力训练 / 杨和平，向月军主编. -- 重庆：西南师范大学出版社，2014.5（2016.6 重印）

ISBN 978-7-5621-6685-6

Ⅰ. ①管… Ⅱ. ①杨… ②向… Ⅲ. ①管理学—职业教育—教材 Ⅳ. ①C93

中国版本图书馆 CIP 数据核字（2014）第 071670 号

管理能力训练

杨和平　向月军　主编

责任编辑：李　玲

封面设计：李　懋

制作排版：重庆三周文化传播有限公司

出版发行：西南师范大学出版社

地址：重庆市北碚区天生路 2 号

网址：www.xscbs.com

印 刷 者：重庆大雅数码印刷有限公司

开　　本：787mm×1092mm　1/16

印　　张：9.5

字　　数：244 千字

版　　次：2014 年 5 月　第 1 版

印　　次：2016 年 6 月　第 2 次印刷

书　　号：ISBN 978-7-5621-6685-6

定　　价：21.00 元

前 言

本书是校企合作共同开发的教材。

随着我国高等职业教育改革的深化，以就业为导向的职业教育必须以校企合作为前提。校企双方共同参与人才培养的全过程，实现学习内容与工作内容的统一是双方的共识。本书编写的宗旨是：以企业管理工作岗位的能力为基础，充分考虑高职学生的学习习惯和特点，强调从学生的学习兴趣和认知水平出发，借助故事、游戏活动、案例分析和分组讨论等多种教学方法和手段，调动学生的学习积极性，使其掌握管理知识、提高管理技能。

管理既是一门科学，又是一门艺术。作为一门科学，管理有一套完整的理论和方法，它是人们在管理的实践中经验的结晶。管理同时也是一门艺术，需要用高超的技巧去实现有效的管理。因此，管理学的学习既要有理论知识作为铺垫，又要有技能作为支撑，更需要技巧进行完善，要用管理者的思维方式去理解管理、理解工作。

本书在内容编排时既考虑了实际管理岗位的需要，又兼顾了管理知识学习的完整。全书分为五个学习情境：学习情境一是围绕管理的基本知识和理论展开的，旨在让学生对管理有一个基本的认识，把握管理发展的脉络；后面四个学习情境，围绕管理工作的全过程，即管理的四大职能展开，让学生清楚地认识到，任何一项管理工作都离不开计划、组织、领导和控制这些基本的工作过程。每个学习任务在安排上，以事例导入知识，以知识服务于训练，以训练提高技能，用知识链接开阔视野。在学习过程中，学生应注重知识的运用，用理论知识去分析和解决实际工作中的问题。

本书由杨和平、向月军主编，负责全书整体框架的设计、大纲的编写和全书的修改与定稿。具体参编人员及分工如下：杨和平编写了学习情境一中的三个学习任务；向月军编写了学习情境四中的三个学习任务；张全胜编写了学习情境三中的资源整合能力训练和绩效管理能力训练；宋丽丽编写了学习情境二中的计划编制能力训练和时间管理能力训练；徐强编写了学习情境二中的目标管理能力训练；张恩广编写了学习情境三中的团队建设能力训练；骆雪峰编写了学习情境五中的危机管理能力训练；李旭东编写了学习情境二中的决策能力训练；陈现军编写了学习情境五中的执行能力训练；胡江霞编写了学习情境五中的冲突管理能力训练。

本书在编写过程中，得到了万州区农业职业经理人促进会李毅秘书长和重庆闽万菌草食用菌技术有限公司的大力支持，他们为教材的编写提供了大量的企业实际工作中的案例。同时，编者也借鉴了大量的相关书籍和网络上的文献资料。在此书的编写与出版过程中，学院领导及相关部门的领导和同事给予了很大的支持和帮助，在此，一并表示衷心的感谢。

由于编者水平有限和时间仓促，本书难免出现不妥之处，恳请专家、读者赐教。

编者

2013.11.13

目 录 CONTENTS

学习情境一　管理基础

管理，自古有之，如果我们把人类历史的发展比做一部鸿篇巨作，那么无论我们打开哪一页都会发现，任何一个时代的物质文明与精神文明的发展，都与管理密切相连。随着生产力的发展，管理的内容和方式也在不断发展变化，而管理学正是在这一变化过程中，逐渐发展成为一门科学。当今社会，管理已成为一种普遍的现象，上至国家权力机构，下至企业、家庭、个人都需要管理。人们把科学技术和管理技术比喻为推动社会历史进步的两大车轮，也有人把科学、技术、管理比喻为支撑当今社会的三大支柱。随着社会不断地发展，管理将越来越显示出它的重要作用。

学习任务一　管理与管理者

自从有了人类社会，就存在实践活动。在人类社会生产活动中，人们总是或多或少地组织起来，通过协作达到个人单独活动所不能收到的效果，协作的有效性是通过管理活动完成和实现的。在现实工作中，我们经常看到，同样的一个人做同样的事，影响的人和引发的场面却是如此不一样，这并不是因为他自身的影响力或素质发生了变化，而是因为他所处的位置不同。正是因为位置不同，所以他做同一件事所影响的范围和场面就发生了完全不同的变化。很多时候，人们会把一个人的表现归因于他有特殊的能力、超常的素质，这实际上是位置的特殊性造成的。清楚地认识了这点，我们每一个人都应该树立自信心，坚信通过学习，特别是通过扎实的基础知识学习和技能训练，再加上一定时间的历练，我们也能够担当起重任。

学习目标

1. 掌握管理的含义；
2. 掌握管理者的素质与技能；
3. 培养对管理的科学性与艺术性的感悟；
4. 认知并有意识地培养自己的管理技能。

任务导入

鹦鹉的故事

一个人去买鹦鹉，看到一只鹦鹉前标着：此鹦鹉会两门语言，售价二百元。另一只鹦鹉前则标道：此鹦鹉会四门语言，售价四百元。该买哪只呢？两只都毛色光鲜，非常灵活可爱。这人转啊转，拿不定主意。结果突然发现一只老掉了牙的鹦鹉，毛色暗淡散乱，标价八百元。这人赶紧将老板叫来："这只鹦鹉是不是会说八门语言？"店主说："不。"这人奇怪了："那为什么又老又丑，又没有能力，会值这个数呢？"店主回答："因为另外两只鹦鹉叫这只鹦鹉老板。"

思考：1. 管理是什么？

2. 管理者应该具有哪些技能？

3. 管理者的能力一定要比下属强吗？

一、知识预备

（一）管理

我国古代"管"是指"管辖、管制"，"理"原意是指"理玉"，引申为"整理、处理、治理"。"管""理"二字连用，即表示在权力范围内，对事物的管束和处理过程。尽管管理对人类发展历程起着重要的作用，但在管理学术界和企业家等管理实践者群体中，人们对管理的概念并没有取得一致的认识。下面列举关于管理这个概念的几种不同定义。

美国管理学家玛莉·福莱特认为："管理就是借他人之力把事情办好。"

法国管理学家亨利·法约尔认为："管理，就是实行计划、组织、指挥、协调和控制。"

美国的管理学家小詹姆斯·H.唐纳利等人认为："管理就是由一个或更多的人来协调他人活动，以便收到个人单独活动所不能收到的效果而进行的各种活动。"

美国的学者亨利·西斯克认为："管理的定义可以这样表述，即管理是通过计划工作、组织工作、领导工作和控制工作的诸过程来协调所有的资源，以便达到既定的目标。"

美国管理学家哈罗德·孔茨给管理下的定义是："管理是一种在正式组织团体中通过别人，并同别人一道去完成工作的技能；一种在正式组织团体中创造一种环境，使得人们能为达到团体的目标，既作为个人又互相协作地完成工作的技能；一种消除完成工作障碍的技能；一种能以最高效率切实达到目标的技能。"

管理首先是一种活动，这种活动是一种有目的的活动，这种有目的的活动与其他有目的的活动之间的本质区别在于这种活动是协调其他人活动的活动。所以，真正与管理有必然联系的是"目标"和"协调"。

所以，我们将管理定义为：管理就是协调组织资源，达成组织目标。

关于这个概念的几点说明：

(1) 管理的目标性。管理必须有目标，没有目标所做的工作不能称为管理工作，没有目标的活动不能称为管理活动。

(2) 资源包括人、财、物、时间、信息。

(3) 管理的本质是协调。不仅是协调组织内外所有的可用资源，还包括协调效率与效果，也就是协调"做什么"和"怎么做"的问题。效率是指通过把事情做正确，将投入转换为产出。效果是指做正确的事情。有效的管理既要关注目标的实现（效果），也要关注实现目标的效率；既要将事情做正确，也要做正确的事。

(4) 管理的基本原理是一样的。虽然不同组织的工作对象和性质会有所不同，工作内容和重点会有一定的差别，但组织的管理者，都要解决的管理问题却大体相同。在所有组织中，90%左右的问题是共通的，只有10%需要适应这个组织特定的使命、特定的文化和特定的语言。

(5) 管理是一种实践，其本质不在于"知"而在于"行"；其验证不在于逻辑，而在于成果；其唯一权威就是成就。

(二) 管理者

既然管理是一项工作，也就存在从事这项工作的人。从事管理工作的人就是管理者。根据管理者在组织中所从事具体管理工作的性质与影响程度不同，通常将管理者分为高层、中层和基层三个层次，如图1-1。

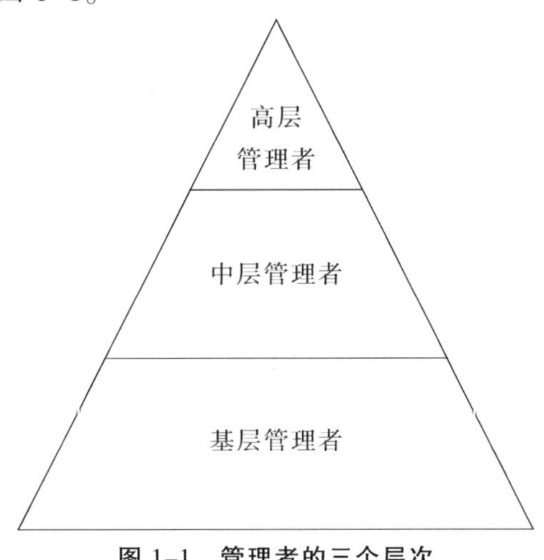

图1-1　管理者的三个层次

1. 基层管理者

基层管理者的主要任务就是按照规定的计划和程序，协调基层员工的各项工作，完成各项计划和任务，他们直接负责指挥和管理作业人员的日常活动。如企业里的小组长、主管，大学里的系主任等。

2. 中层管理者

中层管理者位于基层管理者和高层管理者之间，如部门经理、项目经理、地区经理、大学里的院长等。主要职责是负责分目标的制订，拟订和选择计划的实施方案、步骤和程序，按部门分配资源，协调下级的活动，以及评价组织活动成果和制订纠正偏离目标的措施等。

3. 高层管理者

高层管理者是指处于最高管理层次的管理者，如工厂的厂长、副厂长，公司的总经理、副总经理，学校的校长、副校长，等等。其主要职责是沟通组织的共同愿景，塑造组织文化；制订组织的发展目标、发展战略；代表组织与外部环境进行联系等。

美国斯隆管理学院提出一种叫作“安东尼结构”的经营管理层次结构。该结构把经营管理分成三个层次，即战略规划层、战术计划层和运行管理层。这相当于高层、中层、基层的划分法。这三个层次情况如表 1–1：

表 1–1 经营管理层次

层次／项目	战略规划	战术计划	运行管理
	高层	中层	基层
主要关心的问题	是否上马，何时上马	怎样上马	怎样干好
时间幅度	3~5 年	半年~2 年	日、周或月
视野	宽广	中等	狭窄
信息来源	外部为主，内部为辅	内部为主，外部为辅	内部
信息特征	高度综合	中等汇总	详尽
冒险程度	高	中	低

（三）管理技能

管理技能是指对于一个管理职位的成功起着至关重要作用的能力和行为。管理研究专家罗伯特·卡尔兹认为，这些技能可分为两大类，一是管理者所必须拥有的一般技能，二是与管理成功密切相关的特殊技能。

1. 一般技能

有效的管理者必须具备 4 种高水平的技能：理念技能、人际关系技能、技术性技能和政治技能。

理念技能是指管理者分析和判断复杂形势的心智能力。这种能力可以帮助管理者将相关事件与做出有效的决策联系在一起。

人际关系技能是指管理者了解、指导、激励与之相关的个体和团队工作的能力。管理者既然要借助于其他人的努力合作才能完成工作或任务，他们就必须具备良好的人际关系技能以沟通、激励和委派相关的人员。

技术性技能是指管理者应用专业性知识或经验的能力。对于高层管理者而言，技术性技能通常是指管理者对有关产业知识、组织的运作流程以及产品的基本认识。对于中层和基层管理者来说，技术性技能是指他们所工作的领域内所要具备的专业知识——财务、人力资源、生产、计算机系统、法律、市场营销等。

政治技能是指管理者提高个体在组织中的职位，建立权力基础并维系社会关系方面的能力。组织是人们竞夺资源的政治舞台，拥有较高政治技能的管理者可以为其所在的团队争取更多的资源，而那些政治技能较差的管理者为其所在的团队争取的资源就较少。

2. 特殊技能

研究表明，管理者有一半以上的绩效贡献源于以下 6 种行为能力。

对组织环境及其资源的控制能力。它包括管理者在现场决策、制订计划和分配工作，以及在会议过程中所表现出来的预知环境变化并预先做出行动准备的能力。这种技能还包括对具有明晰性、先进性以及精确知识性的组织目标进行基础性资源决策的能力。

组织和协调工作能力。它主要指管理者围绕任务内容进行组织，然后对各项任务中所存在的各种相互依赖关系进行协调的能力。

信息处理能力。它主要指管理者通过信息与沟通渠道进行问题判别，了解变化的环境，并做出有效决策的能力。

提供成长和发展机会的能力。通过在工作中不断加强学习，管理者不但要把握自身发展的机会，而且还要为其员工的发展创造良机。

激励员工和解决冲突的能力。管理者要不断地强化对员工的激励措施，以使他们积极地开展工作，同时还要消除一切有可能妨碍员工积极性发挥的障碍。

战略性问题的解决能力。管理者要对他们所制订的决策负责，同时要具备确保下属能够有效地响应其决策的技能。

二、技能训练

我是谁

活动目的：

认识自己。

活动程序：

1. 将学生 5~8 人分成一个组，每个人发一张 A4 打印纸；
2. 每人在各自的打印纸的一面上写下自己的优点和缺点，并签下自己的姓名；
3. 将自己的优缺点在小组成员中展示；
4. 将各自的打印纸在小组中按序传递，每个人都需对其他成员进行欣赏性和反对性的评价；
5. 邀请同学在全班分享此次活动的收获。

思考：1. 我认识我自己吗？

2. 生活在社会群体中，如何才能成为受欢迎的人？

三、同步练习

1. 什么是管理？什么是管理者？
2. 管理者通常分为几个层级，有何特点？
3. 管理者应具备哪些技能？
4. 有人说“有权力就会管理”，你怎样看待这种说法？

四、知识链接

高效能人士的七个习惯

史蒂芬·柯维的《高效能人士的七个习惯》告诉我们：仅仅是事业成功只能算成功一半，唯有兼顾事业、家庭、人际关系、个人成长等人生其他层面和谐发展才是真正的成功。

作者倡导有识之士应告别旧习惯：人的行为总是一再重复，但要做得卓越就不能只是单一行动，而要靠良好的习惯。要提升自我，必须从观念着手。思想决定观念，观念决定行为，行为决定习惯，习惯决定命运，成功其实是习惯使然。

习惯一：积极主动。

积极主动即采取主动的态度，为自己过去、现在和未来的行为负责，并依据原则和价值观而不是根据情绪和外在环境来下决定。主动积极的人是变革的催生剂，他们放弃被动的受害者的角色，不自卑，不怨怼，发扬人类的四大天赋：自知、良知、想象力和自主意志，积极主动，以由内而外的方式来创造改变。

习惯二：以终为始。

所有事物都经过两次创造，先是在脑海里酝酿，其次才是实质的创造。个人、家庭、团队和组织在做任何计划时，均先拟出愿景和目标，并据此塑造未来，全心专注于自己最重视的原则、价值观、关系及目标之上。领导工作的核心就是在共有的使命、愿景和价值观的基础之上，创造出一种文化。

习惯三：要事第一。

要事即实质的创造，是梦想 (你的目标、愿景、价值观及要事处理顺序) 的组织和实践。次要的事不必摆在第一，要事也不能放在第二。无论迫切性如何，个人及组织均针对要事而来，重点是，把要事放在第一顺位。

习惯四：双赢思维。

双赢思维是一种基于互敬、寻求互惠的思考框架与心意，目的是争取更丰盛的机会、财富及资源，而不是你死我活的敌对竞争。双赢既非损人利己（赢输），亦非损己利人（输赢）。工作伙伴或家庭成员则更要从相互依赖的角度来思考问题（“我们”而非“我”）。双赢思维鼓励我们解决问题的同时，还要求协助对方找到互惠的解决方法，是一种资讯、力量、认可及报酬的分享。

习惯五：知彼解己。

当我们舍弃焦躁心，改以同情心去聆听别人，便能开启真正的沟通，增进彼此的了解。对方获得了解后，会觉得受到尊重和认可，进而卸下心防，坦诚面对，双方相互的了解也就更加顺畅自然。知彼需要仁慈心，知己需要勇气，能平衡，则可大幅提升沟通的效率。

习惯六：统合综效。

统合综效谈的是创造第三种选择，既非按照我的方式，亦非遵循你的方式，而是采取远胜过个人之见的第三种方案。这是互相尊重的成果——不但是彼此理解，甚至是称许、欣赏对方解决问题及掌握机会的智慧。个人的力量是团队和家庭统合综效的基础，能使整体获得 1+1>2 的成效。实践统合综效的人和团队会扬弃敌对的态度，不以妥协为目标，也不仅止于合作，追求的是创造式的合作。

习惯七：不断更新。

不断更新谈的是如何在四个生活面向（生理、社会、情感、心智及心灵）中不断更新自己。这个习惯提升了其他六个习惯的实施效率。对个人及组织而言，要不断地更新及不断地改善，使之不至于呈现老化及疲态，并迈向新的成长路径。

学习任务二 管理职能

人们发现在不同的管理者的管理工作中，管理者往往采用程序具有某些类似、内容具有某些共性的管理行为，比如计划、组织、控制等，人们对这些管理行为加以系统性归纳，逐渐形成了“管理职能”这一个被普遍认同的概念。所谓管理职能，是管理过程中各项行为的内容的概括，是人们对管理工作应有的一般过程和基本内容所做的理论概括。管理职能一般是根据管理过程的内在逻辑，划分为几个相对独立的部分。划分管理的职能，并不意味着这些管理职能是互不相关、截然不同的。划分管理职能，其意义在于：管理职能把管理过程划分为几个相对独立的部分，在理论研究上能更清楚地描述管理活动的整个过程，有助于实际的管理工作以及管理教学工作。

学习目标

1. 了解管理职能的概念；
2. 掌握管理的四种基本职能；
3. 能从管理的全过程分析企业的管理状况。

任务导入

小李有计划吗?

个体户小李得知今年某种新上市的绿色产品利润丰厚，就到生产基地购买了 4 000 千克回来，同时招聘了一批推销人员以每千克 2 元的回扣作为报酬组织促销队伍，但因促销不力，两天过去了，仍有 2 000 千克的产品积压在库房。看着渐渐变质的产品，小李不知所措。小李的爱人骂他做事没有计划，小李感到很委屈。

思考：1. 小李有计划吗？

2. 如何进行计划？

一、知识预备

（一）管理职能的概念

管理职能实质上就是管理工作中各个相互关联的活动。或者说，要完成一项管理工作，所需做好的各个方面的工作。

最早系统地提出管理职能的是法国管理学家亨利·法约尔。他提出管理的职能包括计划、组织、指挥、协调、控制五个职能。在法约尔之后，许多学者根据社会环境的新变化，对管理的职能进行了进一步的探究，提出了不同的观点。

古利克和厄威克提出了著名的管理七职能。他们认为，管理的职能是：计划、组织、人事、指挥、协调、报告、预算。

哈罗德·孔茨和西里尔·奥唐奈里奇把管理的职能划分为：计划、组织、人事、领导和控制。

对管理职能的确定，是建立管理学理论体系最重要也是最困难的事情。当前，最为盛行的管理职能分为四种基本职能：计划、组织、领导、控制，我们将这四项职能称为管理的基本职能。

（二）管理的基本职能

尽管我们把每项活动（职能）都看作是一项独立的任务，但是管理者在工作时必须能够同时执行这四项活动，并知道每一项活动都与其他活动互为影响。也就是说，这四项职能在工作中是相互关联和相互依赖的。

1.计划职能

计划职能是指管理者在行动之前对将要实现的目标和应采取的行动方案做出选择及具体安排的活动过程。重点解决组织的目标是什么，实现目标的措施是什么的问题。

2.组织职能

组织职能是指管理者根据既定目标，对组织中的各种要素及人们之间的相互关系进行合理安排的过程。重点解决谁来做、怎样做的问题。

3.领导职能

领导职能是指管理者为了实现组织目标而对被管理者施加影响的过程。重点是指导、激励下属，进行有效的沟通并解决冲突等。

4.控制职能

控制职能是将计划的执行情况和计划的要求、目标相对照，然后采取措施纠正计划执行中的偏差，以确保计划目标的实现。重点是纠正偏差，保证目标的实现。

二、技能训练

齐眉棍

活动目的：

培养团队协作精神。

活动程序：

1. 将学生按 6~8 人分成若干组，一组展示，其他组监督；

2. 一组同学分成两排面对面站好；

3. 每人伸出右手的食指托起铝质轻棍，与眉同高，每个人的手指都不能离开铝棍；

4. 把这根铝棍放低到膝盖位置后再复位，整个过程如果有人的手指离开了铝棍，就算违规，必须重新开始，最先完成者为优胜。

思考：1. 这么简单的任务为何如此难完成？

2. 团队工作中出现了问题，我的态度是怎样的？

三、同步练习

1. 什么是管理职能？

2. 管理有哪些职能？在管理工作中起什么作用？

四、知识链接

学习型组织

20世纪90年代以来，随着知识经济的到来，信息与知识成为重要的战略资源，相应诞生了学习型组织理论。学习型组织理论是美国麻省理工学院教授彼得·圣吉在《第五项修炼：学习型组织的艺术与实践》中提出来的。彼得·圣吉认为，有两个变化的趋势在加速管理的变革：一是经济全球化的竞争加快了变化的速度；二是组织技术的根本变化促进了管理的变化。传统的组织设计是用来管理以机器为基础的技术；而新的组织却是以知识为基础，即组织设计是用来处理思想和信息的。

（一）学习型组织的特征

1. 组织成员拥有一个共同的愿景

组织的共同愿景，来源于员工个人的愿景而又高于个人的愿景。它是组织中所有员工共同愿望的景象，是他们的共同理想。它能使不同个性的人凝聚在一起，朝着组织共同的目标前进。

2. 组织由多个创造性个体组成

在学习型组织中，团体是最基本的学习单位，团体本身应理解为彼此需要他人配合的一群人。组织的所有目标都是直接或间接地通过团体的努力来达到的。

3. 善于不断学习

这是学习型组织的本质特征。所谓“善于不断学习”，主要有四个方面含义。

一是强调“终身学习”。即组织中的成员均应养成终身学习的习惯，这样才能形成组织良好的学习气氛，促使其成员在工作中不断学习。

二是强调“全员学习”。即企业组织的决策层、管理层、操作层都要全心投入学习，尤其是经营管理决策层，他们是决定企业发展方向和命运的重要阶层，因而更需要学习。

三是强调“全过程学习”。即学习必须贯彻于组织系统运行的整个过程之中，不要把学习与工作分割开。

四是强调“团体学习”。即不但重视个人学习和个人智力的开发，更强调组织成员的合作学习和群体智力（组织智力）的开发。

4.“地方为主”的扁平式结构

传统的企业组织通常是金字塔式的，学习型组织的组织结构则是扁平的，即从最上面的决策层到最下面的操作层，中间相隔层次极少。它尽最大可能将决策权向组织结构的下层移动，让最下层单位拥有充分的自决权，并对产生的结果负责，从而形成以“地方为主”的扁平化组织结构。

5. 自主管理

学习型组织理论认为，“自主管理”是使组织成员能边工作边学习并使工作和学习紧密结合的有效方法。通过自主管理，可由组织成员自己发现工作中的问题，自己选择伙伴组成团队，自己选定改革、进取的目标，自己进行现状调查、分析原因、制订对策、组织实施、检查效果、评定总结。

6. 组织的边界重新界定

学习型组织的边界的界定，建立在组织要素与外部环境要素互动关系的基础上，超越了传统的根据职能或部门划分的“法定”边界。

7. 员工家庭与事业的平衡

学习型组织努力使员工丰富的家庭生活与充实的工作生活相得益彰。学习型组织对员工承诺支持每位员工充分地自我发展，而员工也以承诺对组织的发展尽心尽力作为回报。这样，个人与组织的界限将变得模糊，工作与家庭之间的界限也将逐渐消失，两者之间的冲突也必将大为减少，从而提高员工家庭生活的质量，达到家庭与事业之间的平衡。

8. 领导者的新角色

在学习型组织中，领导者是设计师、仆人和教师。领导者的设计工作是一个对组织要素进行整合的过程，他不只是设计组织的结构和组织政策、策略，更重要的是设计组织发展的基本理念；领导者的仆人角色表现在他对实现愿景的使命感，他自觉地接受愿景的召唤；领导者作为教师的首要任务是界定真实情况，协助人们对真实情况进行正确、深刻的把握，提高他们对组织系统的了解能力，促进每个人的学习。

（二）学习型组织的内涵

1. 自我超越

自我超越是指能突破极限的自我实现或技巧的精熟，强调组织成员应该能够不断认识自己，认识外部环境的变化，不断给予自己新的奋斗目标。自我超越的精要在于学习如何在生命中产生和延续创造力，通过学习型组织的不断学习，实现自己内心深处最想实现的愿望，并全身心地投入工作，实现创造和超越。

2. 改善心智模式

心智模式是认识心理学的一个概念，指人们的长期记忆中隐含着的关于世界的心灵地图。彼得·圣吉将其定义为：根深蒂固存在于人们心中，影响人们如何理解这个世界（包括自己、他人、组织和整个世界），以及如何采取行动的诸多假设、成见、逻辑、规则，甚至图像、印象等。它不仅决定着人们如何认知周遭世界，而且影响人们如何采取行动。不良的心智模式会妨碍组织学习，而健全的心智模式则会帮助组织学习。

3. 建立共同愿景

共同愿景是指组织成员与组织拥有共同的目标、价值观和使命感。共同愿景为组织学习提供了焦点和能量。只有当人们致力于实现共同的理想和共同关注的愿景时，才会产生自觉学习的动力，才会真诚地奉献和投入，从而取代员工的抱怨以及对领导个人的被动服从。

4. 团队学习

彼得·圣吉认为，未能整体搭配的团队，其成员个人的力量会被抵消或浪费。在这些团队中，个人可能格外努力，但是他们的努力未能有效转化为团队的力量。当一个团队能够整体搭配时，就会汇聚出共同的方向，调和个别力量，使力量的抵消或浪费减至最低。当然，强调团队的整体搭配，并不是指个人要为团队愿景牺牲自己的利益，而是将共同愿景变成个人愿景的延伸。

5. 系统思考

系统思考是一种综合分析系统内外反馈信息、非线性特征和实质影响的整体动态思考方法。它可以帮助组织以整体的、动态的而不是局部的、静止的观点看问题，从而掌握事件的全貌，看清问题的本质，为建立学习型组织提供指导思想、原则和技巧。

学习任务三 管理理论

古今中外，管理学的思想方法始终指导着人们的实践活动，是人们提高组织效率的有效工具。在组织中，我们每个人既是管理者，也是被管理者，学习管理学的方法能有效地提高我们的管理水平。几乎任何管理理论都不是某个管理学家关着门用公式计算和证明出来的，一定是从管理的实践中不断观察和总结提炼出来的。管理理论就是对某一项管理工作的基本内涵、原理、规则、程序、方法等的一个基本的范式规定和解释，是前人从管理实践中总结提炼出来的具有普遍性的基本原理。掌握各种管理理论有利于我们形成自己的管理思想，用管理者的思维方式去剖析组织存在的问题，做到有的放矢，对症下药，解决组织在发展过程中的各种问题。

学习目标

1. 掌握古典管理理论的主要思想；
2. 掌握行为科学代表性管理理论的特点和管理思想；
3. 促进自身管理理念的建立。

任务导入

该如何管？

当前农业企业在各项政策的扶持下，正在迅猛发展，但农业企业自身管理水平不高的问题也日益明显，企业的管理水平已经制约了企业的发展。因此，在一次部门专题会议上，两位副经理对如何加强部门管理、提高管理水平和工作绩效的问题发表了各自的观点。王副经理认为，管理出效益，就是要加强管理的力度，重点是加强管理的规范化，建立完善的规章制度，严格劳动纪律，对工作过程进行严格有效的监督和控制，只有这样才能真正提高管理水平和工作绩效。王副经理的观点是按照“科学管理之父”泰罗的经典管理理论的思想提出来的。赵副经理则认为，泰罗的管理理论毕竟是百年前的理论，与当今的主流管理思想有一定的出入，现在更加强调的是以人为本，尊重个性。因此，在管理中应该充分发挥员工的主动性和积极性，充分尊重员工，将权力下放，用信任代替监督，要充分相信员工在工作过程中能实行自我指挥与自我控制。赵副经理强调，这是梅奥人际关系学说和后期行为科学的基本观点，是当前管理发展的主流思想。而王副经理则坚持认为，在我国现阶段情况下，面对整体素质还不高的农业企业，以人为本还为时过早，健全的规章和严密的控制体系更能确保组织目标的实现。两个人争执不下。

思考： 1. 你对泰罗的管理思想了解吗？

2. 你对梅奥的人际关系学说了解吗？

3. 你认为哪位副经理的观点更合适？

一、知识预备

(一) 古典管理理论

1. 科学管理理论

科学管理理论，是由科学管理之父——弗雷德里克·温斯洛·泰罗在他的主要著作《科学管理原理》中提出的。科学管理不仅仅是将科学化、标准化引入管理，更重要的是提出了实施科学管理的核心问题——精神革命。

精神革命是基于科学管理认为雇主和雇员双方的利益是一致的。因为对于雇主而言，追求的不仅是利润，更重要的是事业的发展。而事业的发展不仅会给雇员带来较丰厚的工资，而且更意味着能充分发挥其个人潜质，满足自我价值实现的需要。正是这事业的发展使雇主和雇员联系在一起，当双方友好合作，用互相帮助来代替对抗和斗争时，就能通过双方共同的努力提高工作效率，产生比过去更大的利润来，从而使雇主的利润得到增加，企业规模得到扩大，相应地，也可使雇员工资提高，满意度增加。

泰罗认为科学管理的根本目的是谋求最高的劳动生产率，最高的工作效率是雇主和雇员达到共同富裕的基础，要达到最高的工作效率的重要手段是用科学化的、标准化的管理方法代替过去的经验管理。

泰罗的科学管理理论，使人们认识到管理学是一门建立在明确的法规、条文和原则之上的科学，它适用于人类的各种活动，从最简单的个人行为到经过充分组织安排的大公司的业务活动。科学管理理论对管理学理论和管理实践都产生着深远的影响，直到今天，科学管理的许多思想和做法仍被许多国家和企业参照采用。

泰罗科学管理理论的主要内容如下。

(1) 用观测的方法制订工时定额

泰罗认为管理的中心问题是提高劳动生产率，而资本家不知道工人一天到底能干多少活，但总嫌工人干活少，拿工资多。而工人，也不确切知道自己一天到底能干多少活，但总认为自己干活多，拿工资少。二者的对峙使工人常以“磨洋工”的方式对抗，这样企业的劳动生产率当然不会高。必须要用科学的方法确定工人“合理的日工作量”，即工时定额。

(2) 按标准操作方法对工人进行培训

泰罗认为，资本家不愿对工人进行培养，以及工人不懂得操作方法也是影响工效的重要原因。为此，人事管理的基本原则是使工人的能力同工作相适应，企业管理当局的责任在于为雇员找到最合适的工作，培训他们成为“第一流的工人”，激励他们尽最大的力量来工作。为了最大限度地提高生产率，对某一项工作，必须找出最适宜干这项工作的人，同时还要最大限度地挖掘最适宜于这项工作的人的最大潜力，才有可能达到最高效率。

(3) 实行有差别的计件工资制

针对工人干多干少一个样的现象，泰罗提出了有差别的计件工资制。将工人实际完成的工作量与定额对比，根据不同的结果，采用不同的工资率进行计酬。

(4) 作业的标准化

泰罗认为，科学管理是过去曾存在的多种要素的结合。把工人多年积累的经验知识和传统的技巧归纳整理并结合起来，然后进行分析比较，从中找出其具有共性和规律性的东西，然后将其标准化，这样就形成了科学的方法。用这一方法对工人的操作方法、使用的工具、劳动和休息的时间进行合理搭配，同时对机器安排、环境因素等进行改进，消除种种不合理的因素，把最好的因素结合起来，这就形成一种最好的方法。

(5) 劳资双方的心理革命

泰罗在《科学管理原理》一书中指出："资方和工人的紧密、组织和个人之间的合作，是现代科学或责任管理的精髓"。"劳资双方在思想上要发生的大革命就是：双方不再把注意力放在盈余分配上，不再把盈余分配看作最重要的事情。他们将注意力转向增加盈余的数量上，使盈余增加到使如何分配盈余的争论成为不必要。"

也就是说，要使劳资双方进行密切合作，关键不在于制订什么制度和方法，而是要实行劳资双方在思想和观念上的根本转变。如果劳资双方都把注意力放在提高劳动生产率上，劳动生产率提高了，不仅工人可以多拿工资，而且资本家也可以多拿利润，从而可以实现双方"最大限度的富裕"。

(6) 计划职能与执行职能的分离

泰罗把计划的职能和执行的职能分开，将过去凭经验工作的方法以科学的工作方法代之，即找出标准，制订标准，然后按标准办事。要确保管理任务的完成，应由专门的计划部门来承担找出和制订标准的工作。

(7) 实行职能工长制

泰罗认为在传统组织下作为一个工长要能履行好其职责应同时具备九种素质，即教育、专门知识或技术知识、机智、充沛的精力、毅力、诚实、判断力或常识、良好的健康情况等。而每一个工长不可能同时具备这九种素质。因此，为了使工长职能有效地发挥，就要进行更进一步细分，使每个工长只承担一种管理的职能。在其职责范围内，每个工长可以直接向工人发布命令，这就出现了工厂管理中的"多头领导"，造成管理的混乱，但这种思想为后来的职能部门建立奠定了基础。

(8) 实行例外原则

所谓例外原则就是指企业的高级管理人员把一般日常事务授权给下属管理人员而自己保留对"例外"事项的决策权和控制权，这种例外的原则至今仍然是管理中极为重要的原则之一。

2. 一般管理理论

亨利·法约尔早期就参与企业的管理工作，并长期担任企业高级领导职务。他认为，管理理论是"有关管理的、得到普遍承认的理论，是经过普遍经验检验并得到论证的一套有关原则、标准、方法、程序等内容的完整体系"；有关管理的理论和方法不仅适用于公私企业，也适用于军政机关和社会团体。

法约尔的一般管理理论是西方古典管理思想的重要代表，后来成为管理过程学派的理论基础，也是以后各种管理理论和管理实践的重要依据，对管理理论的发展和企业管理的历程均有着深刻的影响。法约尔因此被称为"经营管理理论之父""管理过程理论之父"。

法约尔一般管理理论的主要内容有：

(1) 经营的六种活动

法约尔区别了经营和管理，他认为这是两个不同的概念，管理包括在经营之中。通过对企业全部活动的分析，法约尔将企业的经营分为六种活动：

技术活动（生产、制造、加工）；
商业活动（采购、销售、交换）；
财务活动（资金的筹措和运用）；
安全活动（财产和人员保护）；
会计活动（财产清点、资产负债表的制作、成本的考核、统计等）；
管理活动（计划、组织、指挥、协调和控制）。

（2）管理的五种职能

法约尔指出："管理，就是实行计划、组织、指挥、协调和控制。"
计划，就是探索未来、制订行动计划；
组织，就是建立企业的物质和社会的双重结构；
指挥，就是使其人员发挥作用；
协调，就是连接、联合、调和所有的活动及力量；
控制，就是注意是否一切都按已制订的规章和下达的命令进行。

（3）管理的十四条准则

分工：劳动分工不只适用于技术工作，而且也适用于管理工作。

责任与权力：责任是权力的孪生物，是权力的必然结果和必要补充。

纪律：纪律应包括两个方面，即企业与下属人员之间的协定和人们对这个协定的态度及其对协定遵守的情况。

统一指挥：一个下级人员只能接受一个上级的命令。

统一领导：组织只能在统一的领导和计划下运行。

个人利益服从整体利益：需要克服无知、贪婪、自私、愚昧的思想。

人员的报酬：报酬要公平，要有利于激发工作热情。

集中：指的是组织的权力的集中与分散的问题。法约尔认为，集权还是分权，应视具体情况而定。

等级制度：贯彻等级制度就是要在组织中建立一个不中断的等级链。这个等级链说明了两个方面的内容：一是它表明了组织中各个环节之间的权力关系，二是这个等级链表明了组织中信息传递的路线。

秩序：包括物品的秩序和人的社会秩序。

公平：对下属要仁慈、公平。

人员的稳定：人员的稳定，会给企业带来持续的绩效。

首创精神：创新是企业发展的源泉。

集体精神：法约尔认为，分裂敌人的力量是聪明的，分裂自己的队伍是对组织的极大犯罪。

3. 组织管理理论

马克斯·韦伯，古典管理学派在德国的代表人，提出了理想的行政组织理论体系，被称为"组织理论之父"。韦伯认为，任何组织都必须以某种形式的权力作为基础，才能实现目标，只有权力才能改变混乱的秩序。权力有三种形态：理性—合法的权力，传统的权力，超凡的权力。

韦伯组织理论的主要内容：

（1）把一个组织中为了实现目标所需的全部活动都划分为各种基本活动，作为任务分配给组织中的各个成员，组织中的每个职位都有明文规定的权利和义务；

（2）各种职务和职位按职权的等级原则组织起来，形成一个指挥体系或阶层体系。每个下级接受他的上级的控制和监督，不仅要对自己的行动负责，还要对下级的行动负责；

（3）组织中人员的任用，根据职务上要求，通过正式考试或教育训练来实现，每个职位上的人员必须称职，同时也不能随意免职；

（4）除按规定必须通过选举产生的公职外，管理人员是委任的；

（5）组织中人员之间的关系是一种不受个人感情影响的关系，完全以理性准则为指导；

（6）管理人员是专职的，有明文规定的升迁制度；

（7）组织的管理者与所有者是分离的；

（8）组织要明确规定每个成员的职权范围和协作形式。

（二）霍桑实验与人际关系学说

霍桑实验是一项以科学管理的逻辑为基础的实验。位于美国芝加哥郊外的西方电气公司的霍桑工厂，尽管具有完善的养老金制度、医疗制度和娱乐设施，但工人仍然愤愤不平，且生产效率低下。为了探求其原因，美国国家研究委员会于 1924 年至 1933 年到工厂进行了现场研究和实验。这就是管理史上著名的“霍桑实验”，并由此创建了“人际关系学说”。

1. 霍桑实验的主要内容

（1）照明实验

时间是从 1924 年至 1927 年。当时的实验假设便是“提高照明度有助于减少疲劳，使生产效率提高”。他们把工人分成两组：一组为“试验组”，改变工场照明强度；另一组为“控制组”，工场照明强度维持不变。可是经过两年多的实验发现，照明度的改变对生产效率并无影响。研究人员面对此结果感到茫然，失去了信心。

（2）福利实验

时间是从 1927 年至 1929 年。实验目的是查明福利待遇的变换与生产效率的关系。但经过两年多的实验发现，不管福利待遇如何改变（包括工资支付办法的改变、优惠措施的增减、休息时间的增减等），都不影响产量的持续上升，甚至工人自己对生产效率提高的原因也说不清楚。后经进一步的分析发现，导致生产效率上升的主要原因：一是参加实验的光荣感。实验开始时 6 名参加实验的女工曾被召进部长办公室谈话，她们认为这是莫大的荣誉。这说明被重视的自豪感对人的积极性有明显的促进作用。二是成员间良好的相互关系。

（3）访谈实验

时间是从 1928 年至 1930 年。此计划的最初想法是要工人就管理当局的规划和政策、工头的态度和工作条件等问题做出回答，但这种规定好的访谈计划在进行过程中却大出意料，得到意想不到的效果。访谈者及时把访谈计划改为事先不规定内容，每次访谈的时间也相应延长，多听少说，详细记录工人的不满和意见。访谈计划持续了两年多，工人的产量大幅提高。工人们长期以来对工厂的各项管理制度和方法存在许多不满，无处发泄，访谈计划的实行恰恰为他们提供了发泄机会。

（4）群体实验

时间是从 1931 年至 1932 年。梅奥等人在这个试验中选择 14 名男工人在单独的房间里从事绕线、焊接和检验工作，对这个班组实行特殊的工人计件工资制度。实验者原来设想，实行这套奖励办法会使工人更加努力工作，以便得到更多的报酬。但观察的结果发现，产量只保持在中等水平上，每个工人的平均日产量都差不多，而且工人并不如实地报告产量。深入的调查发现，这个班组为了维护他们群体的利益，自发地形成了一些规范。他们约定：谁也不能干得太多，突出自己，谁也不能干得太少，影响全组的产量；并且约法三章，不准向管理当局告密，如有人违反这些规定，轻则挖苦谩骂，重则拳打脚踢。这一试验表明，为了维护班组内部的团结，可以放弃物质利益的引诱。由此提出“非正式群体”的概念，认为在正式的组织中存在着自发形成的非正式群体，这种群体有自己的特殊的行为规范，对人的行为起着调节和控制作用。

2. 人际关系学说的主要内容

霍桑实验的结果由梅奥于 1933 年正式发表，书名是《工业文明中人的问题》，这标志着人际关系学说的建立。1945 年梅奥又出版《工业文明的社会问题》一书，进一步阐明他的观点。

(1) 工人是“社会人”而不是“经济人”

以泰罗科学管理等理论为代表的古典管理理论的基础，是把人当成“经济人”，认为金钱是刺激人们努力工作的唯一动力。正因为如此，追求最大利润的资本家和谋求增加工资收入的工人才会产生劳资矛盾。而通过霍桑实验发现，工资、工作条件与工作效率之间没有绝对的关系。于是，提出了“社会人”假设，取代“经济人”假设。按照“社会人”假设，人不仅要寻求个人收入，更以人类的社会需要为行为动机，人还需要得到友谊、安定和归属感等。

(2) 工效的高低主要取决于士气，而士气又取决于人际关系

霍桑实验的结果证明，工作方法和工作条件并不是决定生产效率的唯一因素，虽然工作条件有时会对工人不利，但工人的士气或情绪可以克服不利的条件，从而提高生产效率。这说明影响工人士气或情绪的显然是他们的需要是否得到了满足，但这个需要却不是物质方面的需要，而是人际关系方面的需要。

(3) 在正式组织中存在“非正式组织”

“非正式组织”和“正式组织”是相对应的概念。正式组织是为了实现组织目标所规定的组织成员之间职责范围的一种正式结构，而非正式组织则是人们长期在共同工作中所形成的靠感情和非正式规则联结的群体。在正式组织里，起支配作用的价值标准是成本逻辑和效益逻辑。在非正式组织中，起支配作用的价值标准则是感情逻辑，它要求每个非正式组织的成员都必须遵守基于成员之间的共同感情而产生的行为规范。

(4) 新型领导能力在于提高职工的满意度

梅奥认为，职工的满意度越高，其士气就越高，从而生产效率也就越高，作为一个管理人员应该深刻认识到这一点。一个新型的领导应同时具备两方面的能力，即解决经济问题的技能和处理人际关系的技能。要学会了解人们的逻辑行为和非逻辑行为，学会通过同工人交谈来了解其感情的技巧，使正式组织的经济需要与非正式组织的社会需要取得平衡。

(三) 人性理论

1. X—Y 理论

美国著名的行为科学家道格拉斯·麦格雷戈，在 1957 年 11 月的美国《管理评论》杂志上发表了《企业的人性方面》一文，提出了有名的“X 理论—Y 理论”，1960 年出版该书。

X 理论的基本内容：

(1) 人生来就是懒惰的，只要有可能他们就会逃避工作；

(2) 人生来就缺乏进取心，不愿承担责任，而心甘情愿听从别人的指挥；

(3) 人以自我为中心，漠视组织的需要；

(4) 只有极少数人，才具有解决组织问题所需要的想象力和创造力；

(5) 人缺乏理性，容易受外界或他人影响做出一些不适宜的举动。

Y 理论的基本内容：

(1) 人并非生来就是懒惰的，要求工作是人的本能，人们从事体力劳动和脑力劳动如同游戏和休息一样自然；

(2) 在适当条件下，人们不但愿意而且能够主动承担责任，缺乏抱负以及只关心个人安全是经验的结果，不是人的本性；

(3) 人追求满足的欲望与组织目标没有矛盾，只要管理适当，人们会把个人目标与组织目标统一起来；

(4) 人对于自己参与的工作目标，能实行自我指挥和自我控制；

(5) 大多数人都具有解决组织问题所需的想象力和创造力。

2. 超 Y 理论

超 Y 理论是 1970 年由美国管理心理学家约翰·莫尔斯和杰伊·洛希根据“复杂人”假设而提出的一种新的理论。

超 Y 理论的基本内容：

(1) 人们是怀着许多的不同需要加入工作组织的，有的人需要更正规化的组织结构和条例规章，有的人需要参与决策和承担责任的更多机会；

(2) 不同的人对管理的方法的要求是不同的；

(3) 组织结构和管理方式适合工作性质和职工素质的，效率就高，不适合的效率就低；

(4) 当一个目标达到以后，可以继续激起职工的胜任感，使之为达到新的更高的目标而努力。

(四) 管理理论的丛林

美国管理学家哈罗德·孔茨在 1961 年 12 月的《管理学会杂志》指出，管理理论已出现一种众说纷纭的乱局。孔茨把各种管理理论分成六个主要学派。1980 年孔茨又撰文《再论管理理论丛林》，把流行的管理理论学派划分为十一个大学派，并分析了学派林立的原因。

1. 管理过程学派

管理过程学派是在法约尔一般管理理论的基础上发展起来的，其代表人有美国的哈罗德·孔茨。该学派的主要观点是：管理是一个过程，即与他人一起实现既定目标的过程。管理是由一些基本步骤（如计划、组织、领导、控制等职能）所组成的独特过程。该学派注重把管理理论与管理者的职能和工作过程联系起来，目的在于分析过程，从理论上加以概括，确定出一些管理的基本原理、原则和职能。由于过程是相同的，从而使实现这一过程的原理与原则具有普遍适用性。

2. 社会协作系统学派

代表人物是美国的切斯特·巴纳德，代表作《经理的职能》，他被誉为“现代管理理论之父”。该学派的主要观点是：

(1) 组织的实质：组织是一个系统，是由人的行为构成的、整体的协作系统的一部分和核心。这一协作系统由人的系统、物的系统和社会系统所组成。

(2) 组织要素：作为一个组织，必须具备三个要素——协作的意愿，共同的目标，成员间的信息沟通。经理人员是组织成员协作活动相互联系的中心，他的基本任务是建立整个组织的信息系统并保持其畅通，确定组织目标，保证其成员进行充分协作。

(3) 权限接受论：①权力来源原理——权力来源于生产资料的占有者。②权力大小的确定——权力发出后被接受的程度，即不是上级授予，而来自下级接受的程度。

(4) 组织平衡论：①组织对内平衡——组织对个人的诱因要大于或等于个人对组织所做的贡献。②组织对外平衡——组织内部效率产生外部效能，它与外部环境间的平衡。

3. 经验主义学派

代表人物是美国的彼得·德鲁克，代表作《有效的管理者》。该学派主张通过分析管理者的实际管理经验或案例来研究管理问题。他们认为，成功的组织管理者的经验和一些成功的大企业的做法是最值得借鉴的。因此，他们重点分析许多组织管理人员的经验，然后加以概括和总结，找出他们成功经验中具有共性的东西，再使其系统化、理论化，并据此为管理人员提供在类似情况下所采取的有效的管理策略和技能，以达到组织的目标。

4. 决策理论学派

代表人物有美国的赫尔伯特·西蒙。该学派的主要观点是：管理就是决策，决策贯穿于整个管理过程；把决策分为程序化决策和非程序化决策；信息本身以及人们处理信息的能力都是有一定限度的，现实中的人或组织都只是“有限理性”而不是“完全理性”的；决策一般基于“满意原则”而非“最优原则”；组织设计的任务就是建立一种制订决策的“人—机系统”。

5. 系统管理学派

代表人物是美国的弗里蒙特·卡斯特。该学派强调应用系统的观点，全面考察与分析研究企业和其他组织的管理活动、管理过程等，以便更好地实现企业的目标。他们认为，组织是由人们建立起来的相互联系并且共同工作着的要素所构成的系统。其中，这些要素可称为子系统。系统的运行效果是通过各个子系统相互作用的效果决定的，组织这个系统中的任何子系统的变化都会影响其他子系统的变化。为了更好地把握组织的运行过程，就要研究这些子系统及它们之间的相互关系，以及它们怎样构成了一个完整的系统。

6. 管理科学学派

代表人物是布莱克特和伯法等人。该学派将管理问题作为数学模式或过程加以处理。他们认为，由于管理全过程（计划、组织、控制）的工作是一个合乎逻辑的过程，管理应看成是一个类似于工程技术、可以精确计划和严格控制的过程，因此此学派也被称为技术学派。其局限性：适用范围有限，不是所有管理问题都能定量；实际解决问题中存在许多困难；管理人员与管理科学专家之间容易产生隔阂。此外，采用此种方法大都需要相当数量的费用和时间，往往只用于大规模复杂项目。

7. 权变理论学派

代表人物有保罗·劳伦斯和杰伊·洛希。该学派把管理看成一个根据企业内外部环境选择和实施不同管理策略的过程，强调权宜应变。该学派的主要观点是：权变主要体现在计划、组织与领导方式等方面：①计划要有弹性；②组织结构要有弹性；③领导方式应权宜应变。权变管理理论强调随机应变，主张灵活应用各学派的观点，但是过于强调管理的特殊性，忽视管理的普遍原则与规律。按权变的观点，管理者可以针对一条装配线的具体情况来确定一种适应于它的高度规范化的组织形式，并考虑二者之间的相互作用。

8. 人际关系学派

代表人物伯尔赫斯·斯金纳。这一学派是从20世纪60年代的人类行为学派演变来的。这个学派认为，既然管理是通过别人或同别人一起去完成工作，那么，对管理学的研究就必须围绕人际关系这个核心来进行。这个学派注重管理中“人”的因素，认为在人们为实现其目标而结成团体一起工作时，他们应该互相了解。

9. 群体行为学派

代表人物卡特·卢音。这一学派是从人类行为学派中分化出来的，因此同人际关系学派关系密切，甚至易混同，但它关心的主要是群体中人的行为，而不是人际关系。它以社会学、人类学和社会心理学为基础，而不以个人心理学为基础。它着重研究各种群体行为方式，从小群体的文化和行为方式，到大群体的行为特点，都在它研究之列。它也常被叫作“组织行为学”，“组织”一词在这里可以表示公司、政府机构或其他任何一种事业中一组群体关系的体系和类型。

10. 社会技术系统学派

这一学派的创始人是埃里克·特里司特。他们通过对英国煤矿生产问题的研究，发现只分析企业中的社会方面是不够的，还必须注意其技术方面。他们发现，企业中的技术系统（如机器设备和采掘方法）对社会系统有很大的影响，个人态度和群体行为都受到人们在其中工作的技术系统的重大影响。因此，他们认为，必须把企业中的社会系统同技术系统结合起来考虑，而管理者的一项主要任务就是要确保这两个系统相互协调。

11. 经理角色学派

代表人物亨利·明茨伯格。这个学派对经理工作的特点、所担任的角色、工作目标及经理职务类型的划分，影响经理工作的因素以及提高经理工作效率等重点问题进行了考察与研究。明茨伯格认为，总经理们并不按人们通常认为的那种职能分工行事，即只从事计划、组织、协调和控制工作，还进行许多别的工作。明茨伯格根据他自己和别人对经理实际活动的研究，认为经理扮演着10种角色。

（1）人际关系方面的角色有3种：①挂名首脑角色（作为一个组织的代表执行礼仪和社会方面的职责）；②领导者角色；③联系人角色（特别是同外界联系）。

（2）信息方面的角色有3种：①信息接受者角色（接受有关企业经营管理的信息）；②信息传播者角色（向下级传达信息）；③发言人角色（向组织外部传递信息）。

（3）决策方面的角色有4种：①领导者角色；②故障排除者角色；③资源分配者角色；④谈判者角色（与各种人和组织打交道）。

二、技能训练

猎人与猎狗

活动目的：

开阔思路，提高解决问题的能力。

活动程序：

1. 将学生分成两个组，一组以猎人的角度管理猎狗，另一组以猎狗的角度寻找应对措施；

2. 阅读活动资料：

一条猎狗将兔子赶出了窝，一直追赶它，追了很久也没有捉到。猎人看到这种情景，对猎狗讥笑道："你们两个之间小的反而跑得快得多。"猎狗回答说："你不知道我们两个的跑是完全不同的，我仅仅是为了一顿饭而跑，兔子却是为了性命而跑呀！"猎人想，猎狗说得对啊，那我要想得到更多的猎物，只有想个更好的办法了。

3. 猎人组提出管理措施；

4. 猎狗组提出应对策略；

5. 双方代表交谈活动体会。

思考：1. 我的措施有利于提高下属的积极性吗？

2. 下属的积极性真的提高了吗？

3. 下属的应对策略说明了什么？

三、同步练习

1. 古典管理理论包括哪些理论？内容各有什么？

2. 人际关系学说的基本内容有什么？

3. 如何认识人性理论？

4. 管理理论的丛林有哪些学派，对我们学习管理有何启示？

四、知识链接

第五代管理

第五代管理的概念是由美国学者查尔斯·萨维奇提出的。知识经济时代的到来以及计算机互联网技术的广泛应用使得传统的管理模式已经显得陈旧和落伍，对于如何管理好知识以及掌握知识的人，传统管理思想已经显得无能为力，在这种情况下第五代管理思想顺应而生。

美国学者查尔斯·萨维奇在《第五代管理》一书中解释了企业管理的不同阶段：第一代，以所有权作为组织劳动力、资源和技术的小业主管理；第二代，建立了严格的等级制；第三代，在发展严格的等级体系的同时，引入了矩阵组织；第四代，更完善地建立了严格的金字塔式的等级制度，更有效地运用矩阵管理方式，同时利用计算机技术加强纵向和横向职能部门的联系；第五代，知识网络。

可以看出企业不同的管理阶段与历史上不同的企业组织形式相关联，如第一代的管理同工业革命前出现的手工作坊、商店和农场的私人所有制形式相联系。在工业化时代，企业管理的主要理论和模式有“斯密制”的分工合作理论、泰罗的科学管理理论和法约尔的企业组织理论等。

由于第五代管理的技术基础是电子计算机网络，企业的信息管理也显得十分重要，现在一个企业的竞争能力与企业信息化程度密切相关。怎样收集信息，怎样使企业学习、交流和决策水平不断提高，这些都是信息管理需要面对的问题。美国企业普遍设有信息主管，并有专门的职能部门来负责信息管理工作。

第五代管理是知识经济时代的管理，与工业经济时代的管理有重大区别。但是，由于知识经济还是一个尚未成型的经济形态，第五代管理也是一个有待深入研究、不断完善的理论体系。

第五代管理的主要内容：

1. 人类最大的挑战在于以新的更具有创造性的方式来组织人们的经历和知识；

2. 第五代管理主要是一个领导方式的问题，它的注意力不应集中于某个人的力量，而应集中在如何锻炼、鼓励和培养其他人方面，它预先假定了一种环境，这一环境应能使企业中最优秀的人才能同其他最优秀的人才互相结合；

3. 传统的基于严格的等级体系、命令一致性和“一个人只有一个上司”、“命令与控制”等的管理策略应被侧重于“集中与合作”的公司内部和公司之间多团队的管理方式所取代；

4. 以任务为中心的复合团队在现代网络技术支持下将成为企业组织的主要形式，通过网络，不同团队可以时刻保持接触；

5. 工作不再是倾听、想象和记忆，不再是那种按吩咐去做的工作，而是一种对话式工作；

6. 应当建立虚拟企业，以排除传统企业组织所具有的缺乏灵活性、适应性和敏捷性的缺点。虚拟企业是由来自不同企业或同一企业不同部门的人员组成，以充分利用他们的知识和才干的团队。这个团队并不需要驻扎在一个地点，他们彼此之间通过计算机网络来联系与交流信息。

学习情境二　计划能力训练

在管理实践中，计划作为管理的首要职能，是进行其他管理职能的前提和基础，其他职能只有在计划工作确定后才能进行；同时计划也是贯穿于组织、领导和控制等各项管理职能中的。计划工作是为实现组织目标服务的，任何目标的顺利实现都需要计划；计划是决策的基础，决策是计划的执行；而时间管理保障了整个管理工作的顺利进行，通过技巧、技术和工具的应用，帮助人们减少时间浪费，在最短的时间期限内保质保量完成组织目标。

学习任务一　计划编制能力训练

有人说，计划是对还没有发生的事情的谋划，但是计划做得再好，也赶不上变化。哈罗德·孔茨认为："虽然计划不能完全准确地预测将来，但如果没有计划，组织的工作往往陷入盲目，或者碰运气。"其实任何组织、各级管理人员都需要计划工作，计划是管理者指挥的依据，是进行控制的基础。古人也说过"凡事预则立，不预则废"，它表明了计划在管理工作甚至是日常生活中的重要性。

学习目标

1. 了解计划的种类和特征；
2. 理解计划的含义和主要内容；
3. 掌握计划编制的程序；
4. 能够运用相关知识，编制工作计划。

任务导入

三天打鱼两天晒网

有个西班牙人叫布兰科，他小的时候，父亲就这样对他说：“儿子，长大后你想干什么都行，如果你想当律师，我就让我的私人律师教你当一名好律师，他可是出名的大律师；如果你想当医生，我就让我的私人医生教你医术，他可是我们这里医术最高的医生；如果你想当演员，我就将你送去最好的艺术学校学习，找最好的编剧和导演来给你量身定做角色，永远让你当主角；如果你想当商人，那么我就教你怎样做生意，要知道，你老爸可不是一个小商人，而是一个大商人，只要你肯学，我会将我的经商经验全都传授给你!”

布兰科首先报考了律师，还没学几天，他就觉得律师的工作太单调，根本就不适合他的性格。他想，反正还有其他事情可以干，于是，他又转去学习医术。因为每天都要跟那些病人打交道，最需要的就是耐心，还没干多久，他又觉得医生这个职业似乎也不太适合他。于是，他想当演员肯定最好玩，可是不久后，他才知道，当演员真的是太辛苦了。最后，他只得跟父亲学习经商，可是，这时他父亲的公司因为遭遇金融危机而破产了。

思考：1. 你认为布兰科有问题吗？

2. 这个故事对你有什么启示？

一、知识预备

（一）计划的含义和内容

1. 计划的含义

不同的人对计划有不同的理解。有人说，计划就是对没发生事项的筹划和安排；计划是在完成计划工作所包含的一系列内容之后，对未来行动方案的说明；计划是为了完成决策活动，在时空上将任务分解给组织的各个部门和个人，等等。

作为四大管理职能之首的计划，在管理学具有两重含义：其一是计划工作，是指根据对组织外部环境与内部条件的分析，提出在未来一定时期内要达到的组织目标以及实现目标的方案途径；其二是计划形式，是指用文字和指标等形式所表述的组织以及组织内不同部门和不同成员，在未来一定时期内关于行动方向、内容和方式安排的管理事件。

2. 计划的内容

计划的内容，通常是用数据加文字说明写成的一种书面文件，它是通过计划编制工作制订出来的。

一份完整的企业经营计划应该包括如下几方面的内容：报告期的计划执行情况，包括计划完成的结果、完成或未完成的原因；编制计划的依据，包括国家有关的方针政策、经济形势、企业的客观条件；计划期应达到的目标；实现目标的措施、手段和其他有关说明。

计划的内容一般包括以下几个方面，通常简称为“5W1H”。

（1）What：明确做什么；

（2）Why：明确为什么做；

（3）Who：明确由谁做；

（4）Where：明确在什么地点做；

(5) When：明确在什么时间做；

(6) How：明确如何做，即采用什么方法和手段做。

(二) 计划的作用

计划是管理的一项重要职能，它不仅是管理活动的依据，也是组织合理配置资源的手段。如果没有计划，也就谈不上实施和控制了。

1. 计划是组织生存和发展的纲领

在激烈的市场竞争中，任何组织要想生存和发展，都必须能够发现和把握市场机会，能够预测可能的风险，并能够最大限度地降低风险。如果没有计划，或者计划不周，组织的经济管理活动就失去了依据，组织行为就没有统一的方向，组织目标的实现也将失去保证，那将会出现难以想象的灾难性后果。计划为管理工作提供了基础，是管理活动的依据，它使管理者的各项工作更加有效，使管理过程中的监督、检查和纠正工作有了明确的依据。

2. 计划是合理配置资源的手段

计划是将组织活动在时间、空间上进行分解，通过规定组织中不同部门在不同时间应从事何种活动，明确所需资源的时间、数量和种类等，从而为组织合理配置资源提供依据。组织的任何活动都必须以一定资源为基础，通过计划可以使组织的各项资源合理分配，使组织的各项目标活动顺利完成。

3. 计划是降低风险、掌握主动的依据

组织面临的未来是不断变化的，比如，未来资源的价格变化、竞争者的变化、国家方针政策的变化等。一个组织如果对未来的变化没有准确的预测，必然会导致组织行为的失败。而计划作为一种未来行动的筹划，必然对未来的各种情况进行预测，并针对各种变化因素制订应对措施，以最合理的方案安排组织的各项活动，从而降低组织未来活动的风险。

4. 计划是实施控制的依据

由于各种主客观因素的影响，组织在决策的实施中，可能会产生与目标要求不完全相符的情况，从而出现偏差。如果不及时找出这种偏差的原因，采取措施，不仅会导致组织活动的失败，而且会危及组织的生存，因此，必须对组织活动进行控制。计划为控制提供了标准，没有计划，控制就成为无本之木。实际上，许多控制方法本身就是计划方法，例如，目标管理、网络计划技术等。

(三) 计划的类型

根据不同的分类方法，我们可以将计划分为不同的类型。

1. 根据时间期限的长短，我们可以将计划分为：

(1) 长期计划

长期计划描述了组织在较长时期（一般为五年以上）的发展方向和方针，规定了组织各个部门在较长时期内从事某种活动应达到的目标和要求，描绘了组织在较长时期的发展蓝图。长期计划的目的是扩大组织的活动能力，其执行结果主要影响组织的发展能力。

(2) 短期计划

短期计划具体规定了组织的各个部门在目前到未来较短时期（一般为一年以内）应从事的活动，以及从事活动应达到的要求等，从而为组织成员的近期的行动提供了依据。短期计划的目的是充分利用组织已经形成的活动能力，其执行结果主要影响组织活动的效率以及由此决定的生存能力。

(3) 中期计划

中期计划一般是指介于长期计划和短期计划的计划。

2. 根据计划所处的层次及重要程度不同，我们可以将计划分为：

(1) 战略计划

战略计划是指在组织活动中，为组织设立总体目标，规定组织在环境中的重要地位和作用的计划。战略计划一般都是长期计划。

(2) 作业计划

作业计划是实现战略计划的保障，是规定总体目标如何实现的细节计划。作业计划所涉及的时间一般都比较短。

3. 根据计划的内容和所指对象的不同，我们可以将计划分为：

(1) 综合计划

综合计划是指对组织经营管理各个方面的全面规划和安排，涉及组织多个目标、多个内容的计划。长期计划、中期计划、短期计划都有综合计划。

(2) 专项计划

专项计划是指对组织经营管理的某一方面的规划和安排，是对某一专业领域所做的计划。专项计划也没有时间限制，同时还是综合计划的保障计划。

(四) 计划编制的程序

不同的计划其编制内容不同，大型计划比较复杂，小型计划比较简单，但是任何计划工作都可以遵循一定的程序。一般来说，计划编制的程序包括以下内容。

1. 认识机会

认识机会是计划的起点。计划编制者要清晰地认识到组织所处的外部环境和内部条件，能够预测到未来可能要发生的变化，捕捉有利于组织发展的机会，通过组织内外相关资料的收集和整理，为计划的编制提供依据。“草船借箭”的故事就是认识机会最终达成目标任务的典范。

2. 确定目标

确定目标是在认识机会的基础上，根据决策者的要求和特点，为整个组织及其各个部门，甚至是各个小组，确定目标和任务。这一步骤不仅指明了组织的整体目标，而且也要求各部门和小组要完成相应的任务目标，以为实现整体目标提供保障。

3. 拟订可行方案

“条条道路通罗马”说明了实现某一目标的途径是多样的。编制计划的第三个步骤就要求能够制订多个方案，找出可供选择的方案并不难，但并不是方案越多越好，不符合现实条件的、荒诞无稽的方案只能加重编制计划的负担，这就需要能够拟订出几个（至少是两个）可供选择的合理的可行方案。

4. 评价并选择方案

在找出多个可供选择的方案之后，下一步就是对各个方案的优缺点进行评价，从中找出最好的方案。这里的最好不是最优的方案，而是最合适的方案。在管理学中一般遵循的是“满意原则”而不是“最优原则”。

5. 制订派生计划

派生计划是基于主计划的分计划，目的是支持基本计划。例如，组织要完成利润增加5%的计划，可能就要有相关的派生计划：促销计划、技术进步、产品创新计划等。

6. 编制预算

在确定计划之后，还需要把计划数字化，使计划变得更明确，更易衡量和控制。

7.下达并执行计划

编制计划的最后一个步骤就是将计划下达至各个具体部门和小组，并督促他们按照计划要求完成相应的目标和任务。

（五）计划编制的方法

1. 目标管理

目标管理是著名的管理学大师彼得·德鲁克 1954 年在《管理实践》一书中最先提出的。他认为，管理者应该通过目标对下级进行管理，当组织的高层管理者确定了组织目标后，必须对其进行有效分解，转变成各部门以及各个人的分目标，管理者根据分目标的完成情况对下级进行考核、评价和奖惩。德鲁克认为，如果一个领域没有特定的目标，这个领域必然会被忽视。如果没有方向一致的分目标指示每个人的工作，则企业的规模越大，人员越多，专业分工越细，发生冲突和浪费的可能性就越大。德鲁克还认为，目标管理的最大优点在于它能使人们用自我控制的管理来代替受他人支配的管理，激发人们发挥最大的能力把事情做好。

2. 滚动计划法

滚动计划是一种动态编制计划的方法。它在已编制出的计划的基础上，每经过一段固定的滚动期（例如一年或一个季度）便根据实际执行情况和变化了的环境条件，对原计划进行调整以确保实现计划目标。每次调整时，保持原计划期限不变，而将计划期顺序向前推进一个滚动期。在计划编制过程中，尤其是编制长期计划时，为了能准确地预测影响计划执行的各种因素，可以采取近细远粗的办法，近期计划订得较细、较具体，远期计划订得较粗、较概略。在一个计划期终了时，根据上期计划执行的结果和产生条件、市场需求的变化，对原订计划进行必要的调整和修订，并将计划期顺序向前推进一期，如此不断滚动、不断延伸，见图 2–1。

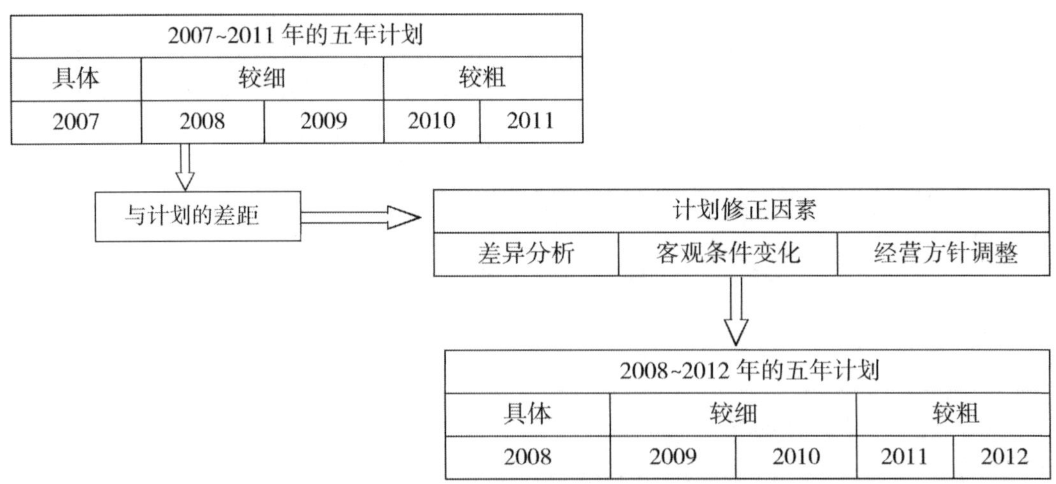

图 2–1 滚动计划示意图

3. 网络计划技术

网络计划技术是指用于工程项目的计划与控制的一项管理技术。它是20世纪50年代末发展起来的，依其起源有关键路径法（CPM）与计划评审法（PERT）之分。

1956年，美国杜邦公司在制订企业不同业务部门的系统规划时，借助于网络表示各项工作与所需要的时间以及各项工作的相互关系。通过网络分析研究工程费用与工期的相互关系，并找出在编制计划及计划执行过程中的关键路线。这种方法被称为关键路线法(CPM)。

1958年，美国海军武器部在制订研制“北极星”导弹计划时，同样地应用了网络分析方法与网络计划，但它注重于对各项工作安排的评价和审查，这种方法被称为计划评审法(PERT)。

鉴于这两种方法的差别，CPM主要应用于以往在类似工程中已取得一定经验的承包工程，PERT更多地应用于研究与开发项目。

网络计划技术的应用步骤：

（1）确定目标。明确将网络计划技术应用于哪一个工程项目，并提出对工程项目和有关技术经济指标的具体要求。

（2）项目分解。将工程项目分解成各项作业，作业项目划分的粗细程度视工程内容以及不同单位要求而定。作业所包含的内容多、范围大可分粗些，反之细些。在工程项目分解成作业的基础上，还要进行作业分析，以便明确先行作业（紧前作业）、平行作业和后续作业（紧后作业）。

（3）估计活动所需要的时间。第一种方法是单一时间估计法，是指对各种活动时间仅确定一个时间值。用此方法做出的网络图也称为确定型网络图。第二种方法是三点时间估计法，是对活动的时间预估三个时间值（最乐观时间、最可能时间和最悲观时间），然后求出可能完成的平均值，即活动持续时间=（最悲观时间+最可能时间×4+最乐观时间）/6。

（4）绘制网络图。第一种方法是顺推法：即从始点事件开始，根据每项作业的直接紧后作业顺序依次绘出各项作业的箭线，直至终点事件为止。第二种是逆推法：即从终点事件开始，根据每项作业的紧前作业逆箭头前进方向逐一绘出各项作业的箭线，直至始点事件为止。

（5）计算网络参数，确定关键路线。根据网络图和各项活动的作业时间，就可以计算出全部网络时间和时差，并确定关键线路（即总时差为零）。

（6）进行网络计划方案的优化。

（7）网络计划的执行和监控。

（8）调整。按照实际发生的情况对网络计划进行必要的调整。

二、技能训练

（一）活动训练

我的大学计划

活动目的：

通过计划的编制，了解计划的分类，掌握计划编制的程序，认识到计划的重要性及确定的目标对生活的指导意义。

活动程序：

1. 根据计划的内容及编制程序，以个人为单位编制一个自己的大学计划；
2. 与搭档交换计划；
3. 分析搭档的计划所属的类型，及计划实现的可能性，并根据已知情况写出分析结论；
4. 参阅搭档的分析结论，重新修改自己的计划；
5. 将修改后的计划在班级内分享，并相互监督实践中计划的实施情况。

思考： 1. 你的大学计划属于什么类型？

2. 根据自身情况，你认为你可以实现你的计划吗？

（二）案例分析

人类第一次登上月球

“休斯敦，川奎特基地，‘鹰号’已经着陆了。”这句话永远铭刻在全世界所有在 1969 年 7 月 20 日观看第一次人类登月的人们的记忆里。

这一成功盛举背后的场面是令人难以置信的。因为看起来十分理想的顺利飞行，实际上，按照计划几乎面临着一场巨大的灾难。把三个宇航员送入太空，其中两个驾驶太空飞船，然后着陆在月球上，这需要非常详细而周密的计划。从能量巨大的 SaturnV 火箭倒计时和起飞，到太空飞船的精密操作，每个细节都做了周密计划，技术专家和飞行控制人员都是这样考虑的。

当尼尔·阿姆斯特朗和巴兹·阿尔顿开始驾驶小型极易损坏的“鹰号”太空飞船向月球表面降落的时候，突然警报响了——一个“1202”报警声音。在指挥中心从地球上监控“鹰号”下降的一个人回忆说：“我不太清楚‘1202’到底是什么”。离月球表面着陆只剩下 8 分钟的时候，除了史蒂夫·比尔斯，一个 26 岁的技术专家，指挥中心没有一个人知道“1202”意味着什么。整个太空项目组只能等待，看比尔斯是否放弃月球着陆。比尔斯最后决定，问题是由于飞船上的计算机信息太多不能处理而引起的，只要计算机不完全关闭，他们就能成功地在月球上着陆。尽管响了警报，指挥中心还是按计划向“鹰号”发出了继续着陆的信号。当“鹰号”离月球表面只有 1 524 米，且以 30.48 米/秒的速度飞向月球时，另一个问题发生了。指挥中心的计算机引导飞船进入着陆区，但是当尼尔·阿姆斯特朗从飞船窗口看月球表面的时候，他没有看到任何事先研究月球表面时所能认出的东西。计算机制导系统正引导他们进入一个岩石地带——与事先计划的完全不同。着陆在像大众汽车那么大的岩石上，精密的月球着陆器将会粉身碎骨。在离月球表面 106.68 米时，尼尔·阿姆斯特朗没有与休斯敦指挥部说一句话，就直接手动操纵飞船寻找着陆地点。指挥中心的工程师和技术人员只是坐着而不能给以任何帮助。当阿姆斯特朗离月球越来越近，他能看到的还是岩石。

同时，在休斯敦，计算机显示“鹰号”着陆油箱里的燃料已经很少了。那天指挥中心的一个成员回忆说：“从那时起，我们什么忙也帮不上。我们能做的只是告诉他们还剩下多少燃料。”指挥中心的决定是如果“鹰号”不能在60秒之内着陆，登月行动即告失败。25秒，20秒，阿姆斯特朗离月球表面只有30.48米了，这时他找到了一个着陆地点，如果他能及时降落到那里的话似乎是安全的。那时，指挥中心异常的寂静，什么声音都听不到。紧接着，通信系统中传来尼尔·阿姆斯特朗平静、镇定、冷静的声音：“休斯敦，川奎特基地，‘鹰号’已经着陆了。”

思考：1. 在登月任务中，计划起作用了吗？

2. 有人说“计划赶不上变化”，结合人类第一次登月的案例，你怎么理解？

三、同步练习

1. 什么是计划？

2. 计划的类型有哪些？

3. 在编制计划的过程中，应考虑哪些问题？

四、知识链接

战 略

（一）战略概述

1. 战略的含义

战略是军事术语，指军事将领指挥军队作战的谋略。在中国，战略一词历史久远，“战”指战争，“略”指谋略。春秋时期孙武的《孙子兵法》被认为是中国最早对战略进行全局筹划的著作。

加拿大管理学家亨利·明茨伯格认为：“战略是一种计划，一种行为方式，是产品或服务在某一特定市场领域中的定位，是一种企业行为处事的观念。”他归纳了战略的五种含义，合在一起就构成了战略的基本内容，即5P：Perspective（企业使命和远景目标），Position（产品/市场关系，即经营领域），Ploy（竞争优势的构建方向），Pattern（竞争优势的构建方式），Plan（实现目标的具体任务）。

2. 战略管理

战略管理是指组织确定其使命，根据其外部环境和内部条件设定企业的战略目标，为保证战略目标的正确落实和实现进行谋划，并依靠企业内部力量将这种谋划和决策付诸实施，以及在实施过程中进行控制的动态管理过程。

一个规范的、全面的战略管理过程一般包括三个阶段。

战略分析。战略分析是指组织对其内外部战略环境进行分析、评价，并预测这些环境未来发展变化的趋势，以及这些趋势可能给企业造成的影响。

战略选择与评价。战略选择与评价是在了解公司战略和事业部战略的基础上，利用内外部环境因素对战略进行匹配、评价及选择。

战略实施和控制。战略实施和控制是把战略付诸企业经营活动，使其能朝着既定的战略目标与方向不断前进。

3. 竞争战略

竞争战略是由美国哈佛商学院著名的战略管理学家迈克尔·波特在其 1980 年出版的《竞争战略》中提出来的。他把竞争战略分为：成本领先战略、差异化战略、集中化战略。

(1) 成本领先战略是通过设计一整套行动，以最低的成本生产并提供为顾客所接受的产品和服务。低成本优势可以有效防御竞争对手的进攻，有利于企业在强大的买方威胁中保卫自己，同时，降低成本也构成了对强大供方威胁的防卫。

(2) 差异化战略是通过设计一整套行动，生产并提供一种顾客认为很重要的与众不同的产品或服务，并不断使产品或服务升级，以具有客户认为有价值的差异化特征。

(3) 集中化战略是通过设计一整套行动来生产并提供产品或服务，以满足某一特定竞争性市场的需求，包括某一特定购买群体、某一特定的产品细分市场或某一特定的地理市场。

（二）战略分析的方法

1. 波士顿矩阵法

波士顿矩阵（BostonConsultingGroup），又称市场增长率—相对市场份额矩阵、四象限分析法等，是由美国著名的管理学家、波士顿咨询公司创始人布鲁斯·亨德森于 1970 年首创的一种用来分析和规划企业产品组合的方法。

它将企业所有产品从销售增长率和相对市场占有率角度进行再组合。在坐标图上，纵轴表示企业销售增长率，横轴表示相对市场占有率，各以 10%和 20%作为区分高、低的中点，将坐标图划分为四个象限，依次为“问题”“明星”“金牛”“瘦狗”。根据产品所处的象限，企业采取不同决策，以保证其不断地淘汰无发展前景的产品，保持“问题”“明星”“金牛”产品的合理组合，实现产品及资源分配结构的良性循环，如图 2–2。

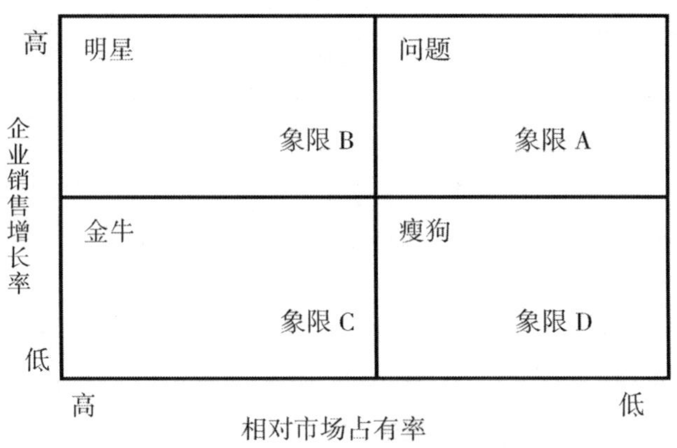

图 2–2 波士顿矩阵

明星产品是指处于高增长率、高相对市场占有率象限内的产品群，需要加大投资以支持其迅速发展。采用的发展战略是积极扩大经济规模和市场机会，以长远利益为目标，提高市场占有率，加强竞争地位。这类产品可能成为企业的金牛产品。

金牛产品（厚利产品）是指处于低增长率、高相对市场占有率象限内的产品群，已进入成熟期。其特点是销售量大，产品利润率高，由于增长率低，也无须增大投资，因此可采用稳定战略：将投入资源达到短期收益最大化，保持现有市场占有率，回收企业资金，支持其他产品，用来满足明星产品和一部分问题产品的发展扩张需要。

问题产品是处于高增长率、低相对市场占有率象限内的产品群。前者说明市场机会大，前景好；后者则说明在市场营销上存在问题。其特点是利润率较低，所需资金不足。对问题产品应采取选择性投资战略，即对该象限中那些经过改进可能会成为明星产品的产品进行重点投资，提高市场占有率；对其他问题产品采取收缩或放弃的战略。

瘦狗产品（衰退类产品）是处在低增长率、低相对市场占有率象限内的产品群。其特点是利润率低、处于保本或亏损状态，无法为企业带来收益。对这类产品应采用撤退战略：减少批量，逐渐撤退，淘汰那些销售增长率和市场占有率均极低的产品；将剩余资源向其他产品转移；整顿产品系列，最好将瘦狗产品与其他事业部合并，统一管理。

2. SWOT 分析法

SWOT 分析法又称态势分析法，是 20 世纪 80 年代初旧金山大学的管理学教授韦里克提出来的，它是一种能够较客观而准确地分析和研究一个单位现实情况的一种方法，经常被应用于企业战略制订、竞争对手分析等。

SWOT 分析是把组织内部环境所形成优势（Strengths）和劣势（Weaknesses）、外部环境所形成的机会（Opportunities）和威胁（Threats）这四个方面的情况结合起来进行分析，以寻找制订适合组织实际情况的经营战略和策略的方法。

利用 SWOT 分析法进行分析，首先罗列出企业的优势和劣势，可能的机会与威胁；然后优势、劣势与机会、威胁相组合，形成 SO、ST、WO、WT 策略；最后对 SO、ST、WO、WT 策略进行甄别和选择，制订企业的具体战略，如表 2-1。

表 2-1 SWOT 矩阵

内部 外部	优势	劣势
机会	SO 战略(增长型战略) ·依靠内部优势 ·利用外部机会	WO 战略(扭转型战略) ·利用外部机会 ·克服内部劣势
威胁	ST 战略(多种经营战略) ·依靠内部优势 ·回避外部威胁	WT 战略(防御型战略) ·减少内部劣势 ·回避外部威胁

学习任务二 目标管理能力训练

目标是在一定时期内个人、部门或整个组织所期望达到的成果。歌德曾经说过：“人生重要的事情就是确定一个伟大的目标，并决心实现它。”目标管理指使用系统的方法，将庞大复杂的事情和行为，整理为关键性的可控制目标的管理活动；是把组织的整体目标层层分解，层层落实，激励组织的各级成员高效实现组织目标的管理过程。

学习目标

1. 了解目标管理的特点；
2. 理解目标管理的主要内容；
3. 掌握目标管理的运行程序。

任务导入

插秧

有个富豪在乡下新买的别墅附近散步，第一次看到农夫在插秧苗：农夫手法纯熟而迅速，所有的禾苗一行行排列得整整齐齐，井然有序，如同丈量过一般。富豪十分惊讶，问农夫是如何办到的。

农夫没有回答他的问题，只是拿了一把禾苗要他先插插看。这位富豪觉得十分新奇，就下到田里，当他插完数排后，禾苗参差不齐，杂乱无章。

这时农夫告诉他，插禾苗时要抬头用目光盯住一件东西，然后朝着那个目标笔直前进，就能够插得漂亮整齐了。但是当这个富豪依言行事时，禾苗却变成了一道弯曲的弧形。

他再次请教农夫，农夫问他是否紧紧盯住了一个目标。

“有啊！我紧盯着那一只正在吃草的水牛。”

农夫觉得很好笑，回答他说：“水牛边吃草边移动，难怪你插的秧变成了弧形。”

思考： 1. 这个故事对你有什么启示？

2. 你认为应该怎样确定目标？

一、知识预备

（一）目标管理概述

目标管理（MBO：Management by Objective）是由著名的管理学大师彼得·德鲁克于1954年在其名著《管理实践》一书中最先提出的。他还提出了“目标管理和自我控制”的主张。他认为，组织或个人只有有了目标之后，才能确定其工作；“企业的使命和任务，必须转化为目标”，如果没有目标，相应的工作和任务就容易被忽视；管理者应通过目标对组织进行管理，并将目标完成情况作为对部门或成员考核、评价和奖惩的依据。

1. 目标管理的基本内容

所谓的目标管理是以目标为导向，以人为中心，以成果为标准，根据组织使命确定一定时期内的总体目标，然后将总体目标进行层层分解，转化为各个部门，甚至是各个员工的分目标，并把这些分目标的完成情况作为考核个人和部门的依据，以此来提高员工的积极性和主动性，最终实现员工自我管理的一种管理方法。目标管理不是瞬间完成的工作，而是一种程序或过程。

2. 目标管理的特点

目标管理是泰罗的科学管理理论的进一步发展，它的理论基础是Y理论。与传统的管理思想相比较，它的特点可以概括为：

(1) 重视人

目标管理是一种民主参与的、自我控制的管理制度，也是一种将个人需求与组织目标相结合的管理制度。在目标管理的过程中，上级与下级共同协商制订目标，他们是平等、相互尊重、相互依赖和支持的关系，目标管理强调要激发员工的积极性、主动性和能动性，最终实现员工的自我管理。

(2) 建立目标体系

目标管理根据责权明确、责权利对等原则，将组织的整体目标逐级分解，转换为各部门、各员工的分目标。这些目标均有明确的期限要求，方向一致，环环相扣，个人目标的完成是部门目标完成的基础，部门目标的完成又是组织整体目标完成的保障。

(3) 重视成果

目标既是目标管理的起点，又是目标管理的终点。目标的完成情况（最终成果）是考核和奖惩的依据，是评价工作绩效的唯一标准，因此，在整个目标完成的具体过程中，上级管理人员只进行必要的指导和帮助，而不进行过多的监督和干预。

(二) 目标管理的运行程序

1. 设置目标

目标管理运行的第一个阶段就是根据组织的总体要求，设置组织的总体目标和各个部门、员工的分目标。在目标层级体系中，目标要尽可能具体，能够被量化考核；目标要具有可行性和挑战性，也就是通常说的“跳一跳能够摘到桃子”；还要建立目标信息反馈机制，员工和部门能够得到目标完成情况的适时反馈信息。

2. 组织实施

领导在目标管理的组织实施过程中是必不可少的。成员能够自我控制和自我管理，上级管理者可以少监督、少干预，但并不代表着领导可以放手不管。在目标管理的过程中，领导需要进行定期检查，多与成员进行接触和沟通；需要向下级通报进度，并帮助下级解决工作过程中的意外和难题，协调相互间的关系。

3. 总结和评价

当达到预定期限、完成目标后，下级要首先进行自我评估，提交书面报告；然后上下级共同来考核目标的完成情况，并决定奖惩；同时还要讨论下一阶段将要达成的目标，开始新循环。如果目标没有完成，上下级应认真分析原因并总结教训，但是切忌相互推诿、相互指责，组织内要保持相互信任、和谐的气氛。

(三) 目标管理实施的原则

1. 目标制订科学合理

目标管理要树立全局观念、长远利益观念，科学合理的目标是目标管理的前提和基础。

2. 督促检查贯穿始终

目标管理，完成目标是目的，管理是手段。在目标管理的过程中，管理者不能放任自流，必须随时跟踪每一个目标的进展，发现问题及时协商处理，确保目标方向正确、运行顺利。

3. 成本控制严肃认真

目标管理以目标的达成作为考核评估的标准，因此，目标责任人易于轻视成本的核算，只重视目标的实现。其实，任何目标的实现都不是不计成本的，这就要求管理者既要保证目标的顺利实现，又要把成本控制在合理的范围内。

4. 考核评估执行到位

目标管理的目标和考核评价都是上下级共同制订和参与的，目标完成情况（结果）又是绩效考核的唯一标准，因此必须选择执行力很强的人员，严格按照目标管理方案，逐项进行考核并做出结论，做到奖惩分明，真正达到奖先惩后的目的。

（四）目标管理的优缺点分析

1. 优点

（1）目标管理的成果导向和任务分解，使组织成员任务明确，责任清晰。

（2）目标管理明确的目标任务和绩效考核方式，能够提高组织整体运作效率。

（3）权责利清晰，能够调动员工的积极性、主动性和创造性，促使员工自我控制、自我管理。

（4）目标管理可以使管理者摆脱繁杂的监督和控制工作，不仅缓和了上下级关系，还能使管理者把精力和时间用于解决重大问题。

2. 缺点

（1）目标管理以 Y 理论为思想理论基础，这与现实情况还存在矛盾。

（2）目标本身的特性及环境的不确定性，使组织中的大多数目标难以定量化、具体化。在目标管理的具体实施中，确定的目标大多数是短期化的目标，这又易于损害组织的长期利益。

（3）目标管理以目标为导向，容易滋长本位主义，容易急功近利，可能造成管理成本增加。

（4）将结果与奖惩对等联系在一起，忽略了成员本身的意识形态和努力程度，有一定的片面性，难以保证公平公正，从而会削弱目标管理的效果。

二、技能训练

（一）活动训练

孤岛求救

我们不幸被困在一个孤岛，有幸的是发现遥远的海面上有一艘轮船，似乎他们在向四周呐喊着什么，问题是他们看不见我们。我们没有火柴或其他求救信号，只能通过制作风筝求救，如果我们能够在 20 分钟内完成，就很有可能获救，否则，轮船随时会走。

活动目的：

通过团队合作，提高学生目标管理的能力。

活动程序：

1. 将 5~6 个学生分为一组，每组发放纸、线、竹签、剪刀、胶水等工具；
2. 各组利用发放的工具制作一个风筝；
3. 风筝做好之后要能够飞起来，并要求在 20 分钟内完成。

思考：1. 在活动中各个小组成员都做了哪些工作？

2. 本小组有没有完成任务？为什么？

(二) 案例分析

驴子和马

唐太宗贞观年间，有一匹马和一头驴子，它们是好朋友。贞观三年，这匹马被玄奘选中，前往印度取经。17 年后，这匹马驮着佛经回到长安，便到磨坊会见它的朋友驴子。老马谈起这次旅途的经历：浩瀚无边的沙漠、高耸入云的山峰、炽热的火山、奇幻的波澜，神话般的境界。这让驴子听了大为惊异。

驴子感叹道："你有多么丰富的见闻呀！那么遥远的路途，我连想都不敢想。"

老马说："其实，我们跨过的距离大体是相同的，当我向印度前进的时候，你也一刻没有停步。不同的是，我同玄奘大师有一个遥远的目标，按照始终如一的方向前行，所以我们走进了一个广阔的世界。而你被蒙住了眼睛，一直围着磨盘打转，所以永远也走不出狭隘的天地……"

——节选成君忆的《孙悟空是个好员工》

思考：1. 马和驴子最大的差别是什么？

2. 这个案例对你有什么启示？

三、同步训练

1. 目标管理的基本内容有哪些？

2. 根据目标管理的原理及运行程序，对某项工作进行目标管理。

四、知识链接

精细化管理

(一) 精细化管理概述

精细化管理是 20 世纪 50 年代源于日本的一种企业管理理念，是社会分工的精细化与服务质量的精细化对现代管理的必然要求，是在常规管理的基础上将常规管理引向深入的管理思想和管理模式，是以最大限度地减少管理所占用的资源和降低管理成本为主要目标的管理方式。精细化管理是一种理念，一种文化。

现代管理学认为，科学化管理有三个层次：第一个层次是规范化，第二层次是精细化，第三个层次是个性化。

"精"可以理解为更好、更优，精益求精；"细"可以解释为具体。精细化管理就是在企业管理过程中重细节、重过程、重基础、重具体、重落实、重质量、重效果，在每一件事、每一个细节上精益求精、力争最佳。

(二) 精细化管理的内容

精细化管理是一个全面化的管理模式，精细化管理的思想和作风要贯彻到整个企业的所有管理活动中。它包含以下内容：

1. 精细化的操作

精细化的操作是指企业活动中的每一个行为都有一定的规范和要求，企业员工的具体工作要严格按照操作要求进行。

2. 精细化的控制

精细化的控制要求企业业务的运作要有一个流程，要有计划、审核、执行和回顾的过程。控制好了这个过程，就可以大大减少企业的业务运作失误，杜绝管理漏洞，增强流程参与人员的责任心。

3. 精细化的核算

精细化的核算是管理者认清自己经营情况的必要条件和主要手段。凡与财务有关的企业的经营活动行为都要记账、核算，通过核算去发现经营管理中的漏洞和污点，减少企业利润的流失。

4. 精细化的分析

精细化的分析是企业取得核心竞争力的有力手段，是进行精细化规划的依据和前提。精细化分析主要是通过现代化的手段，将经营中的问题从多个角度去展现，从多个层次去跟踪，通过精细化的分析，去研究提高企业生产力和利润的方法。

5. 精细化的规划

精细化的规划是指企业所制订的目标和计划都是有依据的、可操作的、合理的和可检查的。精细化的规划往往容易被管理者忽视，但它却是推动企业发展的一个至关重要的关键点。

（三）精细化管理的方法

1. 各就各位，建立专业化的岗位职责体系。
2. 各干各事，建立目标管理体系。
3. 各考各评，建立科学的考评体系。
4. 各拿各钱，建立考评结果应用体系。

学习任务三　决策能力训练

决策在管理过程中占有重要的地位。通过对自身条件的分析，培养一个适合自己的技能或特长是决策；从 A、B、C、D 四个方案中选出一个方案也是决策。前者是由决策者一系列相互关联的行为而构成的决策过程，后者是通过决策者拍板这一行为而发生的抉择或决策。不管是人们做出的选择和决定，还是从不同方案中进行的抉择都是决策。有人认为，整个管理过程其实都是围绕着决策的制订和实施而展开的，决策是贯穿于管理始终的，决策是管理的核心。

学习目标

1.了解决策的含义和种类；
2.理解决策制订的过程及要求；
3.掌握几种主要的定性和定量决策方法。

任务导入

一失误成千古恨

埃及阿斯旺水坝在20世纪70年代初竣工，表面上水坝给埃及人民带来了廉价的电力，控制了水旱灾害，灌溉了农田；实际上却破坏了尼罗河流域的生态平衡，造成了一系列灾难。由于尼罗河的泥沙和有机质沉积到水库底部，尼罗河两岸的绿洲失去肥源，土壤日益盐渍化；尼罗河河口供沙不足，河口三角洲平原向内陆收缩，使工厂、港口、国防工事有跌入地中海的危险；由于缺乏来自陆地的盐分和有机物，沙丁鱼的年收获量减少；由于大坝阻隔，尼罗河下游的活水形成相对静止的“湖泊”，为血吸虫和蚊蝇的繁殖提供了条件，致使水库一带的居民80%得血吸虫病。造此大坝所带来的灾难性后果，使人们深深感叹：“决策失误成千古恨！”

思考：埃及建造阿斯旺水坝的决策对你有什么启示？

一、知识预备

（一）决策的含义和特点

1. 决策的含义

管理学大师西蒙认为：管理就是决策。

当代系统管理学家卡斯物认为决策就是进行判断和做出决定，即对两个以上的方案进行考虑、权衡与选择；行为是实现决策目标的过程，人们逼近目标靠的是不断进行决策和实现它们。

美国学者亨利·艾伯斯则认为，决策有狭义和广义两种理解：狭义的决策就是在几种行为方案中做出抉择；广义的决策还包括在做出最后抉择前后所必须做出的一切活动。

在这里我们认为：所谓的决策就是组织为了实现其目标，根据所处的环境条件，从若干个(两个以上）备选方案中选出一个最好的方案并付诸实施的过程。

2. 决策的特点

一般来说，决策具有以下特点。

（1）目标性

任何决策都是为了实现一定的目标的。没有目标，人们就难以拟订未来的活动方案，评价和比较这些方案也就没有了标准，对未来活动效果的检查更失去了依据。

（2）可行性

组织决策的目的是为了指导组织未来的活动。任何组织所拥有的资源都是有限的，这就要求决策方案能够符合实际，否则再完美的方案也只是海市蜃楼、空中楼阁。

（3）选择性

决策是从多个方案中选出一个，如果只有一个方案，也就无所谓决策了。

（4）满意性

方案的选择，一般遵循的是满意原则，而不是最优原则。因为最优原则要求的条件太高，现实条件一般是无法达到的，只能是理论上的幻想，它要求：①决策者了解与组织活动有关的全部信息；②决策者能正确地辨识全部信息的有用性，了解其价值，并能据此制订出没有疏漏的行动方案；③决策者能够准确地计算每个方案在未来的执行结果；④决策者对组织在某段时间内所要达到的结果具有一致而明确的认识。

(5) 过程性

决策是一个过程，它不是瞬间可以完成的。决策是一项综合性的工作，任何一项决策都包含有大量的工作内容。

(6) 动态性

决策是一个循环的过程，没有起点也没有终点，组织所处的外部环境和内部条件也是不断发展变化的，这就要求组织对决策进行适时调整，以发现有利于组织生存和发展的各种机会。

(二) 决策的类型

从不同的角度出发，决策可以被分为不同的类型。

1. 按照决策问题的重要程度，可分为：

(1) 战略决策

战略决策是有关组织就全局性、长远性、战略性的重大问题而进行的决策。它一般是由高层决策者做出。组织的发展方向、技术创新、新市场领域的开拓等有关组织整体、涉及时间较长的决策都是战略决策。

(2) 战术决策

战术决策又称为管理决策，是组织内部贯彻执行的决策，它是为战略决策的实现提供服务支持的。战术决策虽然不能直接决定组织的前途和命运，但影响组织目标的实现和组织内部管理效能的高低。产品包装升级、设备更新换代、产品定价高低等都属于战术决策。

(3) 业务决策

业务决策又称为作业决策，是在日常管理活动中，为实现某一目标，提高生产效率和工作效能而做出的决策。一般由基层管理者做出。与战略决策和战术决策相比较而言，业务决策所涉及的范围小，只对局部产生影响，如常用物资的采购、日常任务的安排、库存定额的制订等。

2. 按照决策问题的重复程度，可分为：

(1) 程序化决策

程序化决策又称为常规决策，是指生产经营活动中经常重复出现的，能够按照原已规定的程序、处理方法和标准进行的决策，如订货、常用物资采购、生产作业计划的制订等。

(2) 非程序化决策

非程序化决策又称为非常规决策，是指生产经营活动中首次出现的或偶然出现的、随机性和偶然性比较大、没有固定的模式和先例可遵循的非重复性决策。例如是否跨行业经营、公司发展战略的制订等。

3. 按照决策问题所处的条件不同，可分为：

(1) 确定型决策

确定型决策是在各种可行方案所需要的条件已经完全确定的情况下所做出的决策。确定型决策比较容易做出，它的某一方案所需条件是已知的、确定的，所对应的结果也是确定的，因此只需对各个方案的结果进行比较，从中选出最优结果所对应的方案就可以了。盈亏平衡决策法就是确定型决策。

(2) 风险型决策

风险型决策是指各种可行方案所需要的条件大部分是已知的，但每一方案的执行都会面临几种不同的状态，哪一种状态是最终出现的结果是不确定的，但各种状态的出现的概率是可以预测到的。这样，决策者就可以根据已知的概率计算期望值，进而选出最优结果所对应的方案，但无论采用哪一个方案，都要承担一定的风险。树状决策法就是一种风险型决策。

(3) 不确定型决策

不确定型决策是指各种可行方案所需的条件都是不确定的，虽然知道某一方案可能发生的各种自然状态，但是各种状态出现的概率是无法确定的。由于因素的难以确定性，这种决策主要取决于决策者的经验、知识、对待风险的态度，主观随意性较大。乐观决策、悲观决策、最小后悔值法都属于不确定型决策。

4. 按照决策主体的不同，可分为：

(1) 群体决策

群体决策是由几个人甚至是组织的全体成员共同做出的决策。

(2) 个体决策

个体决策是由某一个人所做出的决策。

(三) 决策的过程

决策是一项复杂的工作，明确和掌握科学决策的过程，是管理者正确决策的重要保障。一般情况下，决策需要经历以下几个步骤。

1. 认识和分析问题

认识和分析问题是决策过程中最为重要也是最为困难的环节。决策是围绕着问题展开的，没有问题就不需要决策；问题不明，则难以做出正确的决策。例如孤岛市场调查，第一个调查结论是：他们都不穿鞋子，所以在那里没有销售市场。第二个调查结论是：他们都不穿鞋子，所以它是个很大的销售市场。第三个调查结论是：他们都不穿鞋子，但他们有脚疾，穿鞋会对他们有好处，他们没有钱，但有丰富的菠萝资源，因此这个孤岛是我们的目标销售市场。

2. 确定决策目标

决策目标是在一定的环境和条件下，对某一问题所希望得到的结果。目标不同，所采用的决策方案也会不一样。明确决策目标，要注意目标的最低要求和理想水平，注意多元目标之间的关系，目标要具有可操作性。

3. 拟订可行方案

决策是对各个方案的选择，如果只有一个可行方案，那也就不需要决策了。不同的可行方案也必须是能够相互替代、相互排斥的，而不能是相互包容的。

4. 分析比较和选择方案

各个方案是有差异和优劣的，这一步骤就是通过统筹兼顾各项活动、各种不同意见，选出最满意的决策方案。要注意方案选择实行的是满意原则而不是最优原则。

5. 实施决策方案

决策方案的实施，是决策过程中至关重要的一步。方案实施以前，需制订相应的具体措施，保证方案的正确执行；方案的实施人员应能够全面了解决策方案的各项内容，并利用目标管理方法，把决策目标层层分解，落实到每一个执行单位和个人。

6. 监督和反馈

监督和反馈是贯穿于决策实施过程中的，决策效果的好坏需要反馈信息来衡量，决策也是对未来的预测，而未来是不确定的。当外部环境发生较大改变时，一个组织往往是没有能力去改变环境的，能够做到的只能是改变决策方案。

（四）决策的方法

1. 定性决策方法

（1）德尔菲法

德尔菲法 (Delphitechnique) 是由美国兰德公司于 20 世纪 50 年代初发明的，最早用于预测，后来推广应用到决策中来。德尔菲法是一种向某方面的专家进行调查研究的专家集体判断方法，它是以匿名方式通过几轮函询来征求专家们的意见，充分发挥不同领域专家的专业优势。决策小组对每一轮的意见都进行汇总整理，作为参考资料再发给每一个专家，供他们分析判断，提出新的意见。如此反复，专家的意见日趋一致，做出最终的统计评定结果。

（2）头脑风暴法

头脑风暴法是通过创造一种自由奔放思考的环境，使决策者各抒己见，相互交流，在头脑中进行智力碰撞，诱发创造性思维的共振和连锁反应，使专家的讨论不断集中和精化。

2. 定量决策方法

（1）决策树法

决策树法又称树状决策法，是常用的风险型决策方法，它因运用树状图形来分析和选择决策方案而得名。首先绘制决策树，然后计算不同备选方案的期望损益值，从中选择收益值最大的方案作为最佳方案，其余选择的方案枝一律剪掉，最终剩下一条贯穿始终的方案枝，即决策方案。

例如：某食用菌加工企业为了扩大生产规模，设计了两种方案：改造原有设备和引进新设备。改造原有设备需投资 160 万元，引进新设备需投资 280 万元。估计在其使用期间 (均为 10 年)，产品销路好的概率为 0.7，销路差的概率为 0.3，两个方案的损益值如表 2–2。

表 2–2　某食用菌加工企业行动方案损益表

单位：万元

备选方案	使用年限	自然状态	
		产品销路好(0.7)	产品销路不好(0.3)
改造原有设备	10 年	80	−20
引进新设备	10 年	50	10

请运用树状决策法进行决策分析，选出能够获得最大收益的方案。

第一步：画出决策图，如图 2–3。

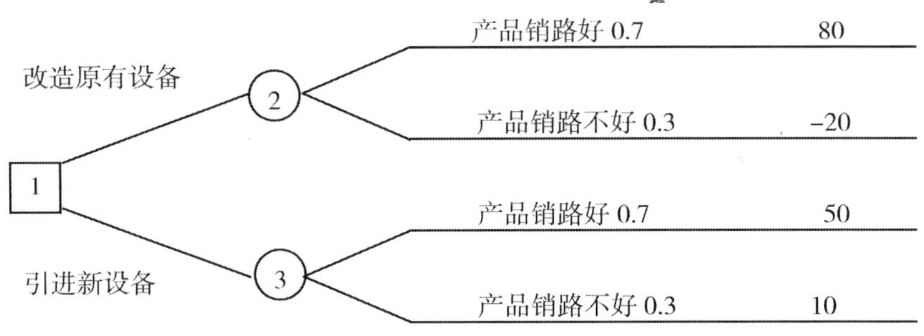

图 2–3 某食用菌加工企业行动方案决策树图

第二步：计算期望损益值。

改造原有设备的期望损益值：

［80×0.7+（–20）×0.3］×10–160=340（万元）

引进新设备的期望损益值：

(50×0.7+10×0.3）×10–280=100（万元）

第三步：剪枝决策。比较两个方案的计算结果，改造原有设备的期望损益值为 340 万元，大于引进新设备方案的损益值 100 万元，是最佳决策方案。将未被选择的方案枝剪去，这样，决策树只留下改造原有设备决策枝，即选择的最佳方案。

（2）乐观决策法

乐观决策法又称为“大中取大法”，如果决策者是个乐观主义者，他会在各种方案的收益中取最大值，在选取最大值方案中，再选择收益最大的方案为决策方案。

用乐观决策法进行决策，在各种方案的收益中取最大值，然后在最大收益值中选最大的值，这个最大值所对应的方案即为决策方案。

例如：某企业营销部拟订了三种行动方案，以改变营销不佳的现状，每种方案在不同的市场状态下对应的损益值如表 2–3。

表 2–3 某企业营销部行动方案损益表

单位：万元

行动方案	市场销路		
	较好	一般	较差
方案一	90	40	–20
方案二	50	25	5
方案三	35	20	10

第一步：找出各个方案的最大收益值，如表 2–4。

表 2–4 某企业营销部各行动方案最大收益值表

单位：万元

行动方案	市场销路			最大收益值
	较好	一般	较差	
方案一	90	40	−20	90√
方案二	50	25	5	50
方案三	35	20	10	35

第二步：进行决策。

最大收益值的最大值为 90，它所对应的方案——方案一，即乐观决策法选择的方案。

（3）悲观决策法

悲观决策法又称为“小中取大法”，如果决策者是个悲观主义者，那么他将只想到可能会发生的最坏情况，会在各行动方案的最小收益中取最大者作为决策方案。

用悲观决策法进行决策，在各种方案的收益中取最小值，然后在最小收益值中选最大的值，这个最大值所对应的方案即为决策方案。

我们以前面案例为例子，用悲观决策法进行决策。

第一步：根据损益表 2–3，找出各个方案的最小收益值，如表 2–5。

表 2–5 某企业营销部各行动方案最小收益值表

单位：万元

行动方案	市场销路			最小收益值
	较好	一般	较差	
方案一	90	40	−20	−20
方案二	50	25	5	5
方案三	35	20	10	10√

第二步：进行决策。

最小收益值的最大值为 10，它所对应的方案——方案三，即悲观决策法选择的方案。

（4）最小后悔值法

最小后悔值法也称为“机会损失最小值法”，决策者首先找出各种自然状态下的最大收益值，进而计算出各种方案的损益值与最大的收益值之间的差额（即后悔值），最后选取后悔值最小的方案为决策方案。当某种自然状态出现时，决策者由于采取甲方案而放弃乙方案，受到了损失。这样甲、乙两方案的收益值之间会产生一个差额，这个差额就是甲、乙两个方案的后悔值。

用最小后悔值法进行决策，首先找出各种自然状态下的最大收益值，进而计算出各种方案在各个自然状态下的收益值与最大的收益值之间的差额即后悔值，然后找出各个方案的最大后悔值，最后在最大后悔值中选出最小的值，这个最小的值所对应的方案即为决策方案。

第一步：找出各种自然状态下的最大收益值。

市场销路较好状态下的最大收益值为 90；

市场销路一般状态下的最大收益值为 40；

市场销路较差状态下的最大收益值为 10。

第二步：计算出各个方案在各个自然状态下的后悔值，如表 2-6。

表 2-6 某企业营销部各行动方案后悔值表

单位：万元

行动方案	市场销路		
	较好 (最大收益值为 90)	一般 (最大收益值为 40)	较差 (最大收益值为 10)
方案一	90−90=0	40−40=0	10−(−20)=30
方案二	90−50=40	40−25=15	10−5=5
方案三	90−35=55	40−20=20	10−10=0

第三步：找出各个方案的最大后悔值，如表 2-7。

表 2-7 某企业营销部各行动方案最大后悔值表

单位：万元

行动方案	市场销路			最大后悔值
	较好	一般	较差	
方案一	0	0	30	30√
方案二	40	15	5	40
方案三	55	20	0	55

第四步：进行决策。

最大后悔值中的最小值为 30，它所对应的方案——方案一，即最小后悔值决策法选择的方案。

二、技能训练

（一）活动训练

易拉罐的用途

活动目的：

1. 激发学生的创造性思维；

2. 利用头脑风暴法进行决策。

活动程序：

1. 教师提前准备一个易拉罐备用；

2. 4~6 人为一组，将全体成员分为若干组，分组讨论易拉罐有哪些用途；

3. 以5分钟为限结束讨论，讨论过程中尽可能不对任何想法有任何批评意见；

4. 以组为单位，将本组的讨论结果在全班进行分享交流。

思考： 1. 你在讨论过程中充当了什么角色？

2. 当小组头脑风暴时，你有什么顾虑吗？

3. 你认为头脑风暴最适合于解决哪些问题？

（二）案例分析

单纯能处理危机

英国某家报纸曾举办一项高额奖金的有奖征答活动。

在一个充气不足的热气球上，载着三位关系世界兴亡命运的科学家。第一位是环保专家，他的研究可使无数人免于因环境污染而面临死亡的厄运；第二位是核专家，他有能力防止全球性的核战争，使地球免于遭受灭亡的绝境；第三位是粮食专家，他能在不毛之地运用专业知识成功地种植食物，使几千万人脱离饥荒而亡的命运。此刻热气球即将坠毁，必须丢出一个人以减轻载重，使其余的两人得以存活，请问该丢下哪一位科学家？

问题刊出之后，因为奖金数额庞大，信件如雪片飞来。在这些信中，每个人皆竭尽所能，甚至天马行空地阐述他们认为必须丢下哪位科学家的宏观见解。

最后结果揭晓，巨额奖金的得主是一个小男孩。

他的答案是……

思考： 1. 如果你是决策者，你应如何进行决策？

2. 影响你决策的因素有哪些？

三、同步练习

1. 决策的类型有哪些？

2. 在班级或宿舍范围内，用头脑风暴法对某问题进行决策。

3. 决策在管理活动中为什么具有重要作用？

四、知识链接

哪些因素会影响你的决策？

不管是组织还是个人，是领导者还是被领导者，都是需要决策的。当你进行决策时，哪些因素会影响你的决策？

1. 环境因素

环境对企业决策的影响是不言而喻的。较稳定的环境还是动荡不安的环境，企业所要做出的决策是不同的。

2. 组织自身因素

任何组织都有其独特的文化氛围。组织文化是组织在长期发展过程中形成的，组织全体成员都认同和遵循的价值理念和行动模式。决策方案的选择有可能造成组织成员的抵触情绪，也有可能激发组织成员的创新热情。因此，决策方案的选择不能不考虑到改变现有组织文化而必须付出的代价。

3. 过去的决策

今天是昨天的继续，明天是今天的延伸。在决策过程中，决策者会自觉不自觉地把过去的经验教训作为现有决策方案选择的参考。

4. 决策问题的性质

如果决策的问题事关重大，决策者可能倾向于小心谨慎。

5. 决策主体的因素

决策者属于风险偏好型的，还是风险厌恶型的，直接影响着最终决策方案的选择。决策者的知识水平、能力大小、价值观念、经验经历，与组织其他成员的关系好坏，都影响着决策结果。

6. 时间因素

当一个人站在马路当中，一辆疾驶的汽车向他冲来时，他需要做的关键动作是迅速跑开，至于跑向马路的左边还是右边，哪边是更安全的，相对于及时行动来说则显得比较次要。

学习任务四 时间管理能力训练

有人说我的时间太多，无事可做很无聊；有人说我的时间太少，所以总是有事情做不完。其实对于每个人来说，每天都有 24 小时，每小时由 60 分钟组成，每分钟由 60 秒组成，总计就是 86 400 秒。不同状态的出现，不是因为时间不均等，而是管理时间的方法不同，时间管理的结果不同。时间管理的目的就是将时间投入与你的目标相关的工作，达到“三效”,即效果（确定的期待结果）、效能（获得最佳的期待结果）、效率（用最小的代价或花费所获得的结果）。

学习目标

1.了解时间管理的相关理论；

2.掌握时间管理的方法和技巧；

3.学会如何进行时间管理，能够通过时间管理提高工作效率。

任务导入

毕业演讲稿

1930 年，胡适先生在一次毕业典礼上，发表了一篇演讲，内容如下：

诸位毕业同学。你们现在要离开母校了，我没有什么礼物送给你们，只好送你们一句话。这一句话是：珍惜时间，不要抛弃学问。

以前的功课也许有一大部分是为了这张文凭，不得已而做的。从今以后，你们可以依自己的心愿去自由研究了。趁现在年富力强的时候，努力做一种专门学问。少年是一去不复返的，等到精力衰竭的时候，要做学问也来不及了。

有人说：出去做事之后，生活问题急需解决，哪有工夫去读书？即使要做学问，既没有图书馆，又没有实验室，哪能做学问？

我要对你们说：凡是要等到有了图书馆才读书的，有了图书馆也不肯读书；凡是要等到有了实验室方才做研究的，有了实验室也不肯做研究。你有了决心要研究一个问题，自然会节衣缩食去买书，自然会想出法子来设置仪器。

至于时间，更不成问题。达尔文一生多病，不能多做工，每天只能做1小时的工作。你们看他的成绩！每天花1小时看10页有用的书，每年可看3 600多页书，30年读11万页书。

诸位，11万页书可以使你成为一个学者了。可是每天看3种小报也得费你1小时的工夫，四圈麻将也得费你1.5小时。看小报呢？还是打麻将呢？还是努力做一个学者呢？全靠你们自己选择！

易卜生说：你的最大责任就是把你自己这块材料铸造成器。

学问就是铸器的工具。抛弃了学问便是毁了你自己。

再会了，你们的母校期待着看你们10年之后成什么器。

思考：1. 你有没有珍惜时间？

2. 胡适先生的毕业演讲对你有什么启示？

一、知识预备

（一）时间管理基本概念

1. 时间的特殊性

（1）供给毫无弹性

时间对任何人都是公平的，一天24小时，一小时60分钟，一分钟60秒。不会因为你对时间有眷念，就比别人的一小时多出一分钟；也不会因为你对时间的厌恶而比别人少一秒。

（2）无法蓄积

不像金钱和物资可以慢慢积累，时间是无法储积的，不管你愿不愿意，它都会一分一秒流逝。时间不会根据人们的意愿，把今天的时间储积到明天，当然也不会把明天的时间转移到今天来提前消费。

（3）无法取代

时间是任何活动都必需的资源，并且时间是不可替代的。

（4）无法失而复得

时间一去不复返，一旦失去就永远失去。物品丢失可以找回，但时间被挥霍了，任何人都是无力挽回的。

2. 时间管理的内涵

时间管理，就是用技巧、技术和工具帮助人们在一定的时间期限内完成工作，实现目标。换句话说，时间管理就是如何减少时间浪费，以便有效地完成既定目标，决定哪些事该做，哪些事不该做。

（二）时间管理的误区

误区1：工作缺乏计划

有人认为，烦琐的大事需要制订计划，简单的小事制订计划是浪费时间。事实上，正是因为没有计划，在具体的执行过程中，不分轻重缓急、不能合理分配时间，导致不能正确有效地完成工作任务，最终浪费了时间。

误区 2：目标不明确

有的人为了时间的管理而管理，从而忽略了组合整体的目标及达成方法和工具，所以时间管理必须基于目标既定的前提才能够事半功倍，否则将会南辕北辙。

误区 3：时间控制不够

几乎所有的人都认为应该趁精力充沛的时候先处理掉每天最重要的事，但实际行动中，人们却往往遵循先易后难的原则，所以这不是认知上的误区，而是行动上的身不由己。不管是先易后难还是先难后易，都应该有效地控制任务的完成时间段，养成按时完成任务的习惯，不拖拖拉拉。

误区 4：进取意识不强

“人最大的敌人就是自己”。有些人之所以眼看时间流逝而毫无悔恨之意，最大的原因就是态度消极，缺乏进取心。不是对未来充满信心，憧憬未来的美好前景，而是事不关己高高挂起，即使与自己相关的事情，也总是想着“明日复明日”，到头来只会是“我生待明日，万事成蹉跎”。

误区 5：不会拒绝他人请求

人在组织工作中最常见的一种情况就是不会拒绝。不管什么要求，都一味接受，是浪费自己和他人的时间的表现，特别是接受一些无理要求和明知自己不能做到的事情。量力而行地说“不”，对己对人都是一种负责。

（三）时间管理的方法和技巧

1. 明确目标

某报曾做过 300 条鲸鱼突然死亡的报道，这些鲸鱼在追逐沙丁鱼时，不知不觉被困在一个海湾里，报道上说：“这些小鱼把海上巨人引向死亡。鲸鱼因为追逐小利而暴死，为了微不足道的目标而空耗了巨大力量。”那应该怎样制订正确的目标呢？

目标制订的 SMART 原则指出，一个完整的目标应该具备以下五个特征。

（1）具体的（specific）：明确具体的目标给人清晰的行动标准，模棱两可的目标，行动就没有方向。

（2）可衡量的（measurable）：目标应该是明确的，而不是模糊的。如果目标不能被衡量，那就无法判断目标到底有没有实现。

（3）可达到的（attainable）：目标还要具有挑战性和可实现性，就是人们常说的“跳一跳能够摘到桃子”。如果“不跳”就“摘到桃子”，说明目标太低，没有吸引力；如果“跳一跳”还是不能“摘到桃子”，说明目标太高，会打击人们的积极性。

（4）相关的（relevant）：目标的制订应该考虑与其他问题的相关性，否则即使这个目标达到了，意义也不大。如车间工人不想着怎样才能提高工作效率和效果，而是天天想着制服应该是什么颜色的才更好看些，最终也不能更充分地实现自身价值。

（5）基于时间的（time-based）：任何一个目标的设定都应该考虑时间的限定，比如：我一定要拿到本科毕业证。这个目标看起来很好，但如果是三年拿到，是具有较高意义的；三十年才拿到，意义就不大了。

2. 有计划的组织工作

所谓有计划、有组织地进行工作，就是把目标正确地分解成工作计划，通过采取适当的步骤和方法，最终达成有效的结果。

3. 合理地安排时间，分清工作的轻重缓急

我们用四象限工作法的时间管理方法来探讨“急事”与“要事”的关系，如图 2–4。

Ⅱ 重要不紧急	Ⅰ 重要又紧急
Ⅲ 不重要但紧急	Ⅳ 不重要不紧急

图 2–4　时间管理的四象限图

第一象限是重要又紧急的事情，是我们第一时间必须要做的；第二象限是重要但不紧急的事情，是我们要尽最大努力完成的；第三象限是不重要但紧急的事情，是我们可以不必花太多时间精力的，因为我们没有必要疲惫地满足别人的期望和标准；第四象限是不重要不紧急的事情，也就是说我们是没有必要在上面浪费时间和生命的。但是对于重要又紧急的事情，我们还要考虑是不是因为拖拉才造成的，是不是由重要不紧急的事情发展而来的；对于不重要但紧急的事情，我们不勉强自己的同时，是不是除了考虑自身因素外，已经考虑到对组织的影响了。

4. 遵循二八原则

二八原则是指最重要的只占一小部分（约 20%），其余的大多数（80%）却是次要的。例如：80%的利润来自于 20%的顾客；企业 80%的成功来自于 20%的员工的努力。在这里我们可以这样说，你 80%的工作是你在所拥有的 20%的时间里完成的，所以要管理好你的 20%的时间。

5. 严格规定完成的期限

巴金森在其著作《巴金森法则》中写下这段话：“你有多少时间完成工作，工作就会自动变成需要那么多时间。”通过严格规定完成的期限，可以避免拖拖拉拉的行事作风，提高办事效率，改善办事效果。

6. 学会列清单，分析自己使用时间的方式和状况

新的坏习惯在根深蒂固之前，即能迅速暴露并加以排除。如同萨缪尔·约翰生所言：“习惯的束缚平常是感觉不出来的，等到发现时又已经变得难以破除了。”定期使用清单使你拥有更好的机会去打破那些束缚。

7. 不要让别人浪费你的时间

时间是人生最宝贵的资源，自己不舍得浪费，当然也不能容忍别人浪费。要想不让别人浪费你的时间，就要能够认识并避开时间大盗，不接手任何人给你的“猴子”，学会并懂得说“不”，会使用时间提醒词汇，像政治家一样处理时间。

8. 制订规则、遵守纪律，与别人的时间取得协作

我们要学会遵守组织的规章制度，不要随便给自己违反的机会和借口，同时作为组织中的一员，毫无疑问要与他人发生联系，这就要求相互尊重对方的时间安排，即与别人的时间取得协作。

二、技能训练

（一）活动训练

自我检测

活动目的：

使学生认识到时间的价值，并能够对自己的时间进行合理的安排和管理。

活动程序：

1. 列出自己某一天 24 小时的时间安排；
2. 分别找出达到预期目标和没有达到预期目标的活动，写在空白纸的左边；
3. 分别找出时间安排合理和不合理的活动，写在空白纸的右边；
4. 分析是否达到预期目标与时间安排是否合理之间的关系，并写出分析结论。

思考：1. 我的时间安排是否是合理的？

2. 常见的浪费时间的症状有哪些？

（二）案例分析

谁扛走了富翁的“箱子”

一位富翁买了一幢豪华的别墅。从他住进去的那天起，每天下班回来，他总看见有个人从他的花园里扛走一只箱子，装上卡车拉走了。他来不及叫喊，那人就走了。

这一天他决定开车去追。那辆卡车走得很慢，最后停在城郊的峡谷旁。陌生人把箱子卸下来扔进了山谷。富豪下车后，发现山谷里已经堆满了箱子，规格式样都差不多。

他走过去问：“刚才我看见你从我家扛走一只箱子，箱子里装的是什么？这一堆箱子又是干什么用的？”

那人打量了他一番，微微一笑说：“你家还有许多箱子要运走，你不知道？这些箱子都是你虚度的日子。”

“什么日子？”

“你虚度的日子。”

“我虚度的日子？”

“对。你白白浪费掉的时光、虚度的年华。你朝夕盼望美好的时光，但美好时光到来后，你又干了些什么呢？你过来瞧，它们个个完美无缺，根本没有用，不过现在……”

富豪走过来，顺手打开了一个箱子。箱子里有一条暮秋时节的道路。他的未婚妻踏着落叶慢慢走着。他打开第二个箱子，里面是一间病房。他的弟弟躺在病床上等他回去。他打开第三只箱子，原来是他那所老房子。他那条忠实的狗卧在栅栏门口眼巴巴地望着门外，已经等了他两年，骨瘦如柴。

富豪感到心口绞疼起来。陌生人像审判官一样，一动不动地站在一旁。富豪痛苦地说：“先生，请你让我取回这三只箱子，我求求您。我有钱，您要多少都行。”

陌生人做了个根本不可能的手势：“太迟了，已经无法挽回。”说罢，那人和箱子一起消失了。

思考：1. 富翁富有吗？为什么？

2. 这个故事对你有什么启示？

三、同步练习

1. 时间的特殊性有哪些？

2. 你应该怎样对你的时间进行管理？

四、知识拓展

如何管理时间

——李开复

人的一生有两个最大的财富：你的才华和你的时间。才华越来越多，但是时间越来越少，我们的一生可以说是用时间来换取才华。如果一天天过去了，我们的时间少了，而才华没有增加，那就是虚度了时光。所以，我们必须节省时间，有效率地使用时间。如何有效率地利用时间呢？我有下面几个建议。

1. 做你真正感兴趣、与自己人生目标一致的事情。我发现我的“生产力”和我的“兴趣”有着直接的关系，而且这种关系还不是单纯的线性关系。如果面对我没有兴趣的事情，我可能会花掉40%的时间，但只能产生20%的效果；如果遇到我感兴趣的事情，我可能会花100%的时间而得到200%的效果。要在工作上奋发图强，身体健康固然重要，但是真正能改变你的状态的关键是心理而不是生理上的问题。真正地投入到你的工作中，你需要的是一种态度、一种渴望、一种意志。

2. 知道你的时间是如何花掉的。挑一个星期，每天记录下每30分钟做的事情，然后做一个分类（例如：读书、准备GRE、和朋友聊天、社团活动等）和统计，看看自己什么方面花了太多的时间。凡事想要进步，必须先理解现状。每天结束后，把一整天做的事记下来，每15分钟为一个单位（例如：1:00~1:15等车，1:15~1:45搭车，1:45~2:45与朋友喝茶……）。在一周结束后，分析一下，这周你的时间如何可以更有效率地安排？有没有活动占太大的比例？有没有方法可以增加效率？

3. 使用时间碎片和“死时间”。如果你做了上面的时间统计，你一定发现每天有很多时间流失掉了，例如等车、排队、走路、搭车等，可以用来背单词、打电话、温习功课等。现在随时随地都能上网，所以没有任何借口再发呆一次。我前一阵和同事一起出差，他们都很惊讶为什么我和他们整天在一起，但是我的电子邮件都可以及时回答？后来，他们发现，当他们在飞机上和汽车上聊天、读杂志和发呆的时候，我就把电子邮件全回了。重点是，无论自己忙还是不忙，你要把那些可以利用时间碎片做的事先准备好，到你有空闲的时候有计划地拿出来做。

4. 要事为先——每天一大早挑出最重要的三件事，当天一定要能够做完。在工作和生活中每天都有干不完的事，唯一能够做的就是分清轻重缓急。要理解急事不等于重要的事情。每天除了办又急又重要的事情外，一定要注意不要成为急事的奴隶。有些急但是不重要的事情，你要学会放掉，要能对人说NO! 而且每天这三件事里最好有一件重要但是不急的，这样才能确保你没有成为急事的奴隶。

5. 要有纪律。有的年轻人会说自己“没有时间学习”，其实，换个说法就是“学习没有被排上优先级次序”。曾经有一个教学生做时间管理的老师，他上课时带来两个大玻璃缸和一堆大小不一的石头。他做了一个实验，在其中一个玻璃缸中先把小石、砂倒进去，最后大石头就放不下了。而另一个玻璃缸中先放大石头，其他小石和砂却可以慢慢渗入。他以此为比喻说："时间管理就是要找到自己的优先级，若颠倒顺序，一堆琐事占满了时间，重要的事情就没有空位了。"

6. 运用80%—20%原则。人如果利用最高效的时间，只要20%的投入就能产生80%的效率。相对来说，如果使用最低效的时间，80%的时间投入只能产生20%效率。一天头脑最清楚的时候，应该放在最需要专心的工作上。与朋友、家人在一起的时间，相对来说，不需要头脑那么清楚。所以，我们要把握一天中20%的最高效时间（有些人是早晨，也有些人是下午和晚上；除了时间之外，还要从你的心态，血糖的高低，休息是否足够等综合考量），专门用于最困难的科目和最需要思考的学习上。许多同学喜欢熬夜，但是晚睡会伤身，所以还是尽量早睡早起。

7. 平衡工作和家庭。我对于家庭的时间分配是用下列的原则。

（1）划清界限、言出必行——对家人做出承诺后，就一定要做到，但是希望其他时间得到谅解。制订较低的期望值以免造成失望。

（2）忙中偷闲——不要一投入工作就忽视了家人，有时10分钟的体贴比10小时的陪伴还更受用。

（3）闲中偷忙——学会怎么利用时间碎片。例如：家人没起床的时候，你就可以利用这段空闲时间去做你需要做的工作。

（4）注重有质量的时间——时间不是每一分钟都是一样的，有时需要全神贯注，有时坐在旁边上网就可以了。要记得家人平时为你牺牲很多，度假、周末是你补偿的机会。

学习情境三　组织能力训练

为什么梁山好汉能风风火火闯九州，为什么电视剧《亮剑》里李云龙的部队能无往而不胜？以上两个例子充分地说明了一个高效团队所能发挥的作用。那么什么是团队？团队又有哪些精神？团队又有哪些特点？如何建设一个高效的团队以及如何带领一个高效的团队？当一个高效团队建立起来后，又如何去整合团队内外部的资源，让组织把有限的资源，在最短的时间内创造出超乎寻常的业绩？然而随着时间的推移和组织外部环境的变化，为了完成变化了的组织目标，又该如何制订一个全面合理的绩效计划来适应变化了的环境？如何通过绩效辅导、绩效面谈，完成组织要求完成的业绩？又如何通过绩效考核发现团队和成员的绩效差距，找出存在的问题，进行有效的绩效沟通和反馈，提出绩效改进办法，让团队和成员的绩效进一步得到提升？

学习任务一　团队建设能力训练

团队是指一种为了实现组织的某一目标而由相互协作的个体所组成的正式群体，它是由员工和管理者组成的一个共同体，充分发挥成员的知识、技能和创造性，协同工作，共同努力实现组织的目标。随着市场经济的不断发展，行业竞争日益激烈，企业面临的问题也日益复杂。这要求企业必须依靠团队的力量来解决企业经营中所遇到的各种问题，发挥集体的智慧，提高团队的应变能力和创新能力，靠团队合作的力量去创造奇迹。

学习目标

1. 理解团队、团队建设及团队精神的含义；
2. 了解高效团队的特征；

3. 掌握建设一个高绩效团队的原则、途径及高效团队的评价，提升团队建设能力；

4. 了解团队建设中的危险信号及提升有效规避领导团队的风险的能力。

任务导入

安经理的成绩从何而来

某公司新上任一位安经理，他的做法和前任经理形成极大的反差。前任经理比较专断，大事小事都一人说了算。而安经理上任后就和四位副经理开会，他说："论经验，我不如老赵；论人事，我不如老钱；论财务，我不如老李；论技术，我不如老孙。今后你们要各司其职，大胆工作，干好了是你们的成绩，出了问题，大家研究。"这时，大家面面相觑，心里都在问："那你当经理的干什么？"之后三个月，安经理在细致的调查研究的基础上，启动了一系列的改革措施，使公司发生了很大的变化，安经理因此受到员工的尊敬和好评。

思考：1. 安经理的成绩从何而来？

2. 我们从中可以获得什么启示？

一、知识预备

（一）团队、团队建设及团队精神的概念

1. 团队

团队就是以任务为导向，由数名知识与技能互补、彼此承诺协作完成某一共同目标的员工组成的特殊群体。团队不仅强调个人的工作成果，更强调团队的整体业绩。团队所依赖的不仅是集体讨论和决策以及信息共享和标准强化，它强调通过成员的共同贡献，能够得到实实在在的集体成果，这个集体成果超过成员个人的业绩的总和，即团队大于各部分之和。

2. 团队建设

团队建设就是指有意识地在组织中努力开发有效的工作小组。每个小组由一组员工组成，通过自我管理的形式，负责一个完整的工作过程或其中一部分工作。团队建设是这样一个过程，在该过程中，参与者和推进者都会彼此增进信任，坦诚相待，愿意探索影响工作小组发挥出色作用的核心问题。

3. 团队精神

团队精神简单来说就是大局意识、协作精神和服务精神的集中体现。团队精神的基础是尊重个人的兴趣和成就，核心是协同合作，最高境界是全体成员具有向心力、凝聚力，也就是个体利益和整体利益的统一，从而推动团队的高效率运转。团队精神的形成并不要求团队成员牺牲自我，相反，挥洒个性、表现特长保证了成员协同完成任务目标，明确的协作意愿和协作方式又产生了完成任务目标的真正内心动力。没有良好的从业心态和奉献精神，就不会有团队精神。

（二）团队与群体区别

团队是由员工和管理层组成的一个共同体，该共同体合理利用每一个成员的知识和技能协同工作，解决问题，达到共同的目标。团队与群体的具体区别如下：

1. 领导方面

群体应该有明确的领导人，团队可能就不一样，尤其团队发展到成熟阶段，成员共享决策权。

2. 目标方面

群体的目标必须跟组织保持一致，但团队中除了这点之外，还可以产生自己的目标。

3. 协作方面

群体的协作性可能是中等程度的，有时成员还有些消极，有些对立；但团队中是一种齐心协力的氛围。

4. 责任方面

群体的领导者要负很大责任，而团队中除了领导者要负责之外，团队的每一个成员也要负责，甚至要一起相互作用，共同负责。

5. 技能方面

群体成员的技能可能是不同的，也可能是相同的，而团队成员的技能是相互补充的，把不同知识、技能和经验的人综合在一起，形成角色互补，从而达到整个团队的有效组合。

6. 结果方面

群体的绩效是每一个个体的绩效相加之和，团队的结果或绩效是由大家共同合作完成的产品。

（三）高效团队的特点

1. 具有很强的核心价值观

这些价值观决定着每一个成员的态度与行为，并和团队的目标保持一致。

2. 把一般目的转换为具体的绩效指标

团队成员不满足于实现共同的目的，还善于把目的分解成具体的、可测量的指标，以使其更能激励与评估成员的行为。

3. 成员具有多种技能

出色的团队应拥有技术专家型人员，他们具备技术能力、问题解决与决策能力、人际技能等。各项技能的正确组合是团队成功的关键。

4. 具有高度创造力

团队常常利用成员的创造力来提高生产作业水平以及开发新产品、新服务、新市场的能力。

5. 相互之间的责任

建立一种环境，使每一个团队成员在这个环境中都感到自己应对团队的绩效负责，为团队的共同目标、具体要求和团队行为勇于承担各自的责任。

6. 和谐的领导

团队的领导者要能够做好工作分配、日程安排、冲突协调、决策修正，提高团队的凝聚力并使团队目标与个人需求之间达到平衡、和谐。

（四）高效团队建设的原则

1. 保持最佳规模

成员过多会造成协调困难，成员太少会导致负担过重。理想的团队人数为 7~12 人。

2. 共同清晰的目标

确定并把握核心的任务和目标，确立明确的行为准则，确定事情的轻重缓急，能为团队成员指引方向和提供动力，提高整体绩效水平。

3. 领导方式恰当

作为团队领导，必须善于沟通、视野广阔；有合作精神、专心；有想象力、有先见之明；自信、正直、有勇气、守诺。另外还应做到：使团队的目的、目标和方式密切相关，并且有意义；促进团队中各种技能的组合，并提高技术水平；搞好与外部人员的关系，为团队的发展清除障碍；为团队中的其他成员创造机会。

4. 相关技能互补

高效团队存在的基础是团队成员之间的技能要有互补性，同时团队内部人员都要保持谦逊的态度，互相学习彼此的技能。另外还要创造学习型组织，善于利用其成员的优点，而不是克服缺点，同时要认识弱点，避免犯错误。

5. 组织结构有效

一个高效团队的高效不仅体现在组建之初人员的搭配上，更在于其有效的组织结构。只有组织结构合理才能明确个人责任和组织责任，培养团队成员的责任感和信心，保证团队和个人的不断学习，才能不断完善团队成员的角色定位。

6. 相互信任

开诚布公、相互信任是高效团队的核心基础。没有信任，就没有成员的高绩效，当然也不可能塑造一个高绩效的团队。反过来，在团队中建立高绩效表明你既为自己也为别人的利益工作，同时用语言和行动来支持自己的团队，从而进一步促进团队成员之间的信任。

7. 成果共同分享

团队共同参与才能达到最终目的，所以成果也应当大家一起来分享，而不是某个人或者某个领导的功劳。另外分享成果时还需要注意：以群体为基础进行绩效评估，根据个体的贡献进行评估和激励。

8. 沟通机制顺畅

高效团队应该创造一个便于沟通的环境，应该由团队领导带头，建立交流机制，使大家能够共同工作，并给予大家一种属于整个单位与部门的感觉。良好的沟通也有助于凝聚力的形成。

（五）高效团队建设的途径

在具体的团队建设中，途径选择因团队的目标、内容、成员对象的不同而有所不同，但归纳起来大致有如下四种途径。

1. 人际关系途径

人际关系途径即通过在团队成员间形成较高程度的理解与尊重，通过发展密切的人际关系达到团队建设的目的。人际关系途径主要依据试验心理学的原理，通过培训和试验开展成员之间的沟通和交流，增强成员彼此之间的理解和信任。

2. 角色界定途径

角色界定途径即侧重从团队角色或成员角色进行团队建设，强调把角色界定作为主要任务，使每个成员都清楚地理解自己在团队中的位置、责任和角色。目的是明确每个人对自己的期望、整个群体的规范以及不同的群体成员所分担的责任。成功的团队往往是由不同性格的人承担其合适的角色。每个团队成员既承担一种功能，又承担一种团队角色。团队的绩效取决于成员对团队内部力量的认可和对其进行的调整。适当而平衡的团队角色，以充分发挥每个成员在技术资源方面的优势为前提。

3. 价值观途径

价值观途径即在团队成员之间就共同价值观和某些原则达成共识，形成团队价值观。这一途径把重点放在团队成员就价值观和团队目标达成的共识上，而不是放在组成团队的人们的性格或者他们所担当的角色上。建立一支高效团队的一个首要任务就是建立共识。形成团队价值观必须注意五个方面：

(1) 明确：必须明确建立团队的目标、价值观及指导方针，而且要经过多次讨论。

(2) 鼓动性价值观：观点必须是使团队成员相信并且愿意努力工作去实现的。

(3) 力所能及：观点的实现须处于团队成员能力范围之内。

(4) 未来潜力：团队共识必须具有在未来进一步发展的潜力。拥有固定的、无法改变的团队共识是毫无意义的，因为组织在变，工作性质在变，人员也在不断变化之中，需要经常重新审视团队共识，以确保其能够适应新的情况。

(5) 共识：所有团队成员必须达成共识，否则各自为政就无法有效地完成目标。

4. 任务导向途径

该途径强调团队要完成的任务，按照这个途径，团队必须设定具体的目标和工作程序，同时必须清楚地认识到团队的任务以及每个团队成员对这项任务的完成所能做的贡献。运用这一途径的前提是：团队成员都把团队所执行的任务看成是唯一重要的事情。

(六) 高效团队的评价

为了确保各个团队能够进行卓有成效的工作，管理层有必要制订适用于团队模式的评估体系和激励机制。制订的评估体系和激励机制针对的必须是整个团队而不是个人。评估的目的是：提高团队工作业绩，让成员了解工作进展情况以及明确要做的工作，鼓励成员提高能力和促进成员之间的交流，纠正行动上的偏差，培养成员的主人翁意识和责任感。

1. 绩效性评价

从一个层次上讲，评价团队表现是找出其特点，看看团队成员是如何按特定的心理机制做出反应的；从另一层次上讲，则是运用某些参照标准，比较出一个团队的行为表现。同时，评估团队所做决策的质量，并全力保证团队决策不受破坏性或消极因素的影响。评价团队表现时，应该用以团队为基础的奖励机制奖赏团队做出的努力。

2. 发展性评价

每个成员的贡献由其他成员来进行评议，这些评议反映成员对团队所做的贡献，并在此基础上进行充分讨论、沟通，达成新的共识，以利于采取更有效的行动，促进团队发展。

3. 满意度评价

由外部用户以及内部用户评估团队的表现。内部用户评估包括自我评估和团队负责人评估。自我评估指由团队成员评估团队的表现。团队负责人评估指由团队负责人、主管人员评估每一个成员，在这个过程中，团队负责人要注意以平等关系而不是上下级的关系与成员进行沟通。

4. 激励性评价

在设计激励机制时，要从外在和内在两个方面的激励进行考虑，外在激励包括工资、奖金、奖章、名誉、在报刊上刊登事迹、在公司大会上得到表扬、证书、礼物、旅行和宴会等。内在激励包括实现小组目标后所获得的满足感，从牢固和谐的工作关系、创造性的挑战、增加的责任感和学习机会中所获得的幸福感。

（七）高效团队建设中的危险信号

随着社会分工越来越细化，个人单打独斗的时代已经结束，团队合作被提到了管理的“前台”。团队作为一种先进的组织形态，越来越引起企业的重视，许多企业已经从理念、方法等管理层面进行团队建设。以下几种情况的出现在团队建设中发出了隐秘的危险信号，容易蒙蔽团队管理者的眼睛，如果不引起管理层的重视，团队建设将会前功尽弃。

1. 精神离职

这是在企业团队中普遍存在的问题，其特征为：工作不在状态，对本质工作不够深入，团队内部不愿意协作，个人能力在工作中发挥不到30%，行动较为迟缓，工作期间无所事事，基本上在无工作状态下结束一天的工作。但是也有积极的一面，上下班非常准时，几乎没有迟到、事假、病假，团队领导指派任务通常是迅速而有效地完成。

精神离职产生的原因大多是个人目标与团队愿景不一致，也有工作压力、情绪等方面原因，国内几大保险公司普遍运用的是团队精神激励来降低团队精神离职率。

针对精神离职者的有效方法是：专业沟通，用团队精神与团队愿景来提升工作状态，用激励手段提升工作热情。具体做法可以是安排假期，让精神离职者冷静思考，调整状态，下一步就是要根据实际情况考虑团队中是否会重新接纳的问题。

2. 超级业务员

团队需要的是整体的行动力、销售力、目标完成率等。逐个的分解就是要求团队的个体之间的技能必须具有互补性。正是因为个体差异导致了超级业务员的出现，其表现特征为：个人能力强大，能独当一面，在团队中常常以绝对的销售业绩遥遥领先于团队其他成员，组织纪律散漫，好大喜功，目空一切，自身又经常定位于团队功臣之列。

超级业务员的销售能力是任何团队所需要的。因此面对这种矛盾时，常常令组织的领导者无所适从，经常采用的办法是：听之任之，采用有别于团队其他成员的特殊政策。超级业务员对团队的破坏力是巨大的，长期采用放纵策略其结果会破坏团队的凝聚力，引导团队的组织愿景向非团队发展，迅速地瓦解团队组织。团队是由于工作任务挑战性高而且环境不确定性强而建设的组织，成员差异性非常大，个人素质、工作技能常常也有区别。超级业务员的出现，需要组织领导者正确领导、全面沟通，把超级业务员融入团队精神、团队文化中，树立超级业务员正确的榜样，同时要把超级业务员的分力转为团队的合力，用团队的价值观、团队的约束力等方面对超级业务员做出正确的管理。

3. 非正式组织

团队是全体成员认可的正式组织，而非正式组织产生有两种原因：一是团队领导的故意行为；二是团队成员在价值观、性格、经历、互补性上产生某种一致时产生非正式的组织。前者是管理者强化自身管理职能的需要，培养亲信，增强管理效力，客观上形成的非正式组织，虽然表面上能够很好地进行日常工作，能够提高团队精神，调和人际关系，实施假想的人性化管理，在团队发展过程中，基本上向有利于团队的方向发展；但长期而言，管理的有效性会降低，团队的工作效率会降低，优秀团队成员会流失，这种非正式组织通常是松散型组织。后者则是紧密型非正式组织，其愿景通常与团队愿景不一致，在团队中常常不止一个这样的非正式组织，随着这种组织的产生，团队的瓦解之日就不会远。这种紧密型非正式组织会偏离团队的价值观，破坏团队文化，阻挠团队的创新精神和开拓精神。通常松散型组织又会向紧密型组织发展，紧密型组织又会和松散型组织对抗。因此团队领导者在团队中建立非正式组织是不可取的，是基于一种管理水平低下同时对团队极不信任而产生的结果。

因此，团队的综合竞争力来自于对团队成员专长的合理配置。只有营造一种适宜的氛围，不断地鼓励和刺激团队成员充分展现自我，最大限度地发挥个体潜能，团队才会迸发出如原子裂变般的能量。

二、技能训练

(一) 活动训练

核弹头

训练目的：

本训练项目用于增强团队合作精神。

训练材料：

25 米长的绳子一根，20 米长的绳子两根，水桶一只，短竹 2 根，砖头 1 块。

训练地点：

户外。

训练程序：

1. 把学生分成 12 人一组。

2. 让学生把 25 米长的绳拉成一个圈，并把水桶装九成满的水放在圆圈中间，用砖头把水桶垫起来。

3. 开始给学生们讲下面一段故事：“在一个山村中有一枚没有引爆的核弹头，给该地区造成了威胁。你们作为特工人员将去该地区取出核弹头，并进行引爆。圆圈内为辐射区，所有人员都不得进入圈中。2 根 20 米长的绳子及 2 根短竹为防辐射物品，故可以进入辐射区，但不能碰到地面。”

4. 全体成员必须在 30 分钟内把水桶提出来，水不能洒出来。

思考：1. 在全过程中你认为最佳表现在哪里？团队的合作精神体现在哪里？

2. 团队在解决问题时，采取的是什么步骤？这些步骤有什么地方可以改进？

(二) 案例分析

NBA 中著名团队

在 NBA 中有许多优秀的球队，但芝加哥公牛队曾五次获得 NBA 总冠军，这在 NBA 的历史上是罕见的。毫无疑问，公牛队的胜利与“飞人”乔丹是分不开的，他总是能在关键时刻力挽狂澜，扭转危局。但仅仅有乔丹还不行，有人做过统计，如果一场比赛乔丹得分超过 35 分，公牛队多数时候反而会输球。公牛队真正的强大在于，它不仅有乔丹，还有甘当配角的助攻王皮蓬、篮板王罗德曼、擅长组织和远投的科尔和被称为“最佳第六人”的全才库科奇。正是这群人有共同的信念和目标，在比赛中密切配合、相互支持，在赛场上每个人都竭尽全力，充分发挥自己的才能和个性，为胜利做出了自己的贡献。当然，深谋远虑、被人称为“巫师”的 NBA 最佳教练杰克逊也功不可没。作为领导者，他制订了球队的战略和战术，引导和激励球员，可一旦比赛开始，他又必须相信自己的队员，充分授权。因为这样，公牛队才成为 NBA 大战中的“五连冠”“王中王”。

思考：1. 为什么乔丹进球超过 35 分时反而会输球？

2. 作为在 NBA 中常常赢球的球队，公牛队具有哪些特点保证了它的常胜？

三、同步练习

1. 简述什么是团队、团队建设和团队精神。
2. 高效团队有哪些特征？
3. 如何建设一个高效的团队？

四、知识链接

如何培养团队自豪感

研究表明，能够从自己所属的群体中获得一种积极的自豪感，对促进人的社会角色的发展和完善是十分重要的。如果我们对属于自己的群体感觉不好，我们就将极力使自己与群体其他成员拉开距离，或者干脆离开这一群体。知道自己在团队中工作很出色，并将会继续出色地工作下去的时候，最有可能获得对团队的自豪感和身份感。

1. 确保团队成员对自己团队的成功和业绩得到评估和肯定；
2. 确保组织中其他人也认识到该团队所取得的成绩；
3. 人们能够从培训中获得自豪感，因为培训既是对个人能力和价值的认识，也是取得组织信任的一种体现；
4. 发布记录整个团队良好业绩的正式的官方文件，或者记录团队为公司的成功所做的贡献的报告；
5. 使团队成员认识到自己的努力对整个组织的意义。

学习任务二 资源整合能力训练

企业在生产经营过程中，离不开各种各样的资源，充分利用资源是企业发展的基础。随着我国社会主义市场经济的建立与完善，企业要想在日益激烈的竞争环境中立于不败之地，不仅需要通过各种管理手段整合企业内部的资源，以提高效率，降低成本，更需要通过各种手段整合企业的外部资源，以增强企业的核心竞争力，寻求新的发展机遇。

学习目标

1.理解资源整合及资源整合能力的含义；

2.掌握资源整合能力的形成及如何提高资源整合能力。

任务导入

某学院后门对面的楼盘

一楼盘处于某学院后门对面，由三个老板共同开发，暂且叫此三老板分别为老板 A、老板 B 和老板 C。此三人也是多年的朋友。老板 A 有着丰富的人脉资源，经济实力较为一般，他通过观察发现虽然国家在大力调控房地产价格，但在我们这类三线城市房地产市场依然刚性需求旺盛，房子非常好卖。于是他决定去拍下我们学院后门对面的土地进行房地产开发。此块地大约 20 亩（1 亩≈666.7 平方米），按我们这类城市、我们学院周边的地价大概起拍价也在 320 万元/亩，估计成交价在 350 万元/亩以上，也就是说光拍下此地块所需要的资金就在 7 000 万元左右。老板 A 无此经济实力，为此他迅速找到老板 B 和老板 C，与他们共同商量说此地块通过运作基本上能够以 350 万元/亩拿下，但他现在缺少资金。为什么要找老板 B 和老板 C 呢？因为老板 B 是建筑商，多年来一直从事建筑行业，对建筑行业了如指掌，有自己的建筑公司和施工队伍，且有雄厚的家底；而老板 C 也从事房地产销售十多年了，对房地产的销售烂熟于心，楼盘做何定位、价格如何定、怎么样进行策划、怎么样进行宣传、如何找到合格的营销人员以及最后如何销售出去等一系列销售中的问题在他面前都不叫问题。三位老板经过一番预算觉得此楼盘可以操作，于是通过一番运作，终于在他们预计的价格内拍下此地块。拍下后，三人共同成立了一家房地产开发公司，老板 B 出资最大，作为企业大股东且任企业法人，老板 A 通过自己良好的人脉关系，比预期缩短了两个月的时间办理完各种开发楼盘所需的手续，老板 C 因为还有其他楼盘的销售任务，所以到该学院招聘到即将毕业的年轻漂亮的女生做售楼小姐，通过培训和用以老带新的方法，很快将年轻漂亮的女大学生培养成完全能够胜任该楼盘销售工作的业务员。老板 B 的施工队伍更是早早地进入施工现场大展拳脚。整个楼盘的开发工作进展顺利，前景大好。

思考： 1. 老板 A、老板 B 和老板 C 他们各有什么样的优势？

2. 老板 A、老板 B 和老板 C 在此楼盘的开发中如何整合他们的资源？这样的整合对他们三个人来讲分别有什么样的好处？

一、知识预备

资源整合是企业战略调整的手段，也是企业经营管理的日常工作。整合就是要优化资源配置，就是要有进有退、有取有舍，就是要获得整体的最优。作为处在市场经济大潮里的人们，特别是对于许多举步维艰却又想创业的人来讲，需不需要资源整合？资源整合又该如何进行呢？

（一）资源整合的含义

1. 新经济学理论定义的资源整合概念：联合与协作

在战略思维层面上，资源整合是系统论的思维方式。就是要通过组织和协调，把企业内部彼此分离的职能，把企业外部既参与共同的使命又拥有独立经济利益的合作伙伴整合成一个为客户服务的系统，取得一加一大于二的效果。

在战术选择的层面上，资源整合就是优化配置的决策。就是根据企业的发展战略和市场需求对有关的资源进行重新配置，以突显企业的核心竞争力，并寻求资源配置与客户需求的最佳结合点。目的就是要通过组织制度安排和管理运作协调来增强企业的竞争优势，提高客户服务水平。

2. 古典经济学理论定义的最早的资源整合概念：分工理论

打个比方，原来一个人又种田又织布。后来他跟其他人商量，有专人耕田，有专人织布，这样，大家付出的还是那么多，但是吃的，穿的反而更多了。这是为什么？是分工带来的。

地域之间，国家之间，社会各个层面之间应该有一个分工。特别是古典经济学还提出了一个我们今天的报纸上还经常说到的，但常被错误引用的理论——“比较优势理论”。这也是古典经济学的贡献。“比较优势”不是说我哪里比别人强。有些媒体把中国劳动力比别国便宜称为我们的比较优势，这种理解不正确。比较优势的意思是，我什么都不如你，你什么都比我强，是不是我们就不分工了呢？那不一定。如果在食品方面弱国的差距比在钢铁方面的差距小，弱国可以专门生产食品，而强国负责生产钢铁，两国都可以在分工中受益。这好比一家两口子，男主人干什么都比女主人强，他出去干活挣的钱比女主人多，做饭也比女主人做得香。是不是做饭、挣钱都让男主人去干？不是，因为做饭方面差距小，这时就可以说，女主人在做饭方面有比较优势。对弱势一方来说，在差距最小的那个分工领域里拥有比较优势。在这个家庭中，可以由女主人来做饭，也许饭不是很香，但男主人可以有更多的时间去挣更多的钱，家庭整体就受益了。用经济学的话说，男女主人这两个资源得到了合理的配置。这就是“比较优势理论”。

综上所述，人们对于资源整合虽有不同的理解，但其定义如下：

资源整合就是将一些看起来彼此不相关的事物加以组合，创造出一种新生事物，使各种资源自身的价值得到增值的过程。从现代领导科学的研究来看，资源整合能力的高与低，往往是衡量一位领导者领导水平高低的一个非常重要的标志。善于整合资源的领导者，本身并不拥有太多的资源，但却具有独到的眼光，能够看出这些资源背后潜藏的价值，能够从这种价值增值中获取自己的收益。

（二）资源整合能力

资源并不能自动产生竞争优势，要想让资源在竞争中产生优势，形成企业的核心竞争力，就必须对不同类型的资源进行有效整合。资源整合是一个动态的过程，对于一个企业或组织来说，必须要时刻学会将与企业战略密切相关的资源融合到企业的核心资源体系中来，这项任务伴随着企业的整个生命周期。在企业的整个资源体系中，资源整合始终处于一个非常关键的位置，它是创造新资源、提高资源使用效率和效能的前提。

因此，企业资源整合能力，即在企业生产经营活动过程中所具有的选择、汲取、配置、激活和融合企业不同类型资源的能力，将决定着企业资源的效能能否得到充分有效的发挥，亦将影响着企业竞争优势。根据以上论述可知，企业资源整合可概括为两个层次：宏观战略层次和微观战术层次。以下分别从宏观战略层次和微观战术层次来探讨企业资源整合能力。

1. 宏观战略层次

(1) 重建“游戏规则”能力

重建“游戏规则”能力是企业资源整合能力在宏观战略层次上的重要内容之一。它表现为企业利用企业内外资源、新旧资源、个体与组织资源以及横向纵向资源等所具有的打破原有僵化的“竞争规则”的能力。常言道，三流企业卖力气，二流企业卖产品，一流企业卖技术，超一流企业卖规则。超一流企业不是以顾客，而是以竞争对手和协作厂商为核心导向。“游戏规则”决定了一个企业的竞争地位，谁控制和垄断了某行业的“游戏规则”，谁就能够取得超额利润。

格瑞斯指出：“对大多数企业来说，竞争优势所受到的最大的打击，莫过于经理们习惯了的、在此基础上获得对竞争对手的竞争优势的‘游戏规则’的改变了。”重建新的“游戏规则”能给企业带来新活力、新思想和新措施，也能给企业创造一个新的“超额利润区”的机会。这种新的“游戏规则”意味着创造该行业各项活动的新结构，或者改变该行业活动的价值链。

(2) 战略预见能力

战略预见能力通常表现为对环境变化及趋势，组织存在的问题、潜力、优势和劣势及其转化的洞察力、应变力和预见力。较强的战略预见能力，可准确地预测顾客需求变化及所在行业竞争或合作的焦点所在，也可有针对性地配置何种资源，配置多少资源，从而能够充分发挥企业资源的使用效能。其中，洞察力是一种从不同类型的信息中获得知识的能力，也就是明确如何从信息中获得知识的能力，它是一种特殊的思维能力。具有较强洞察能力的人，在没有手段直接观察到事物内部时，可以根据事物的表面现象，准确或者比较准确地认识到事物的本质及其内部结构或性质。应变力是一种为适应不断发展变化的内外环境，审时度势地对原先的决策做出机智果断的调整的能力，要求不例行公事，不因循守旧，不墨守成规，能够从表面“平静”中及时发现新情况、新问题。预见力是通过分析判断并借助于想象来推测未来的一种能力，它需要我们不断学习，丰富我们的知识，拓展我们的视野，提高我们分析、把握问题的能力及创造能力。

2. 微观战术层次

(1) 置换与配置能力

置换及配置能力是企业在构建竞争优势过程中所具有的汲取、凝聚、配置资源的能力，既涉及企业的内部关联状况，又涉及企业的外部环境条件。它主要表现在有效置换及配置的资源数量、质量及其结构合理性等方面。任何一个企业都不可能具备所有类型的资源，或者说不可能充分地具备所有类型的资源，这就要求企业具有汲取企业外部稀缺资源的能力。任何资源不可能自动产生竞争优势，需要企业采取相应措施与政策激活诸如人才等资源，从而发挥资源的使用效率和效能。

任何一种企业资源结构的合理与否都与特定的时期、特定的环境紧密相连。因此，企业的资源整合是长期性的，只有随着外部条件的变更及时地对企业的内外部资源结构进行调整，才能使企业长久地保持竞争优势，更好地实施竞争战略。因此，企业必须围绕核心业务和核心竞争能力来提升资源置换及配置能力；另一方面，置换及配置能力的提升又将促进核心业务的增长和核心竞争能力的提高。因此，企业必须着力提高资源置换及配置能力。

(2) 激活与融合能力

激活及融合能力是企业如何充分发挥资源的效益和效能的一种能力。市场竞争优势常常属于那些善于整合资源的企业。一个成功的战略必须有好的战略实施相配合，才能使企业走向成功的彼岸。在现实中，企业的资源与企业的地位之间的关系并不是完全对称的，即资源有限或匮乏不一定是获得全球领先地位的障碍，资源充裕也不一定能保障持续享有领先地位。其中,《财富》杂志全球500强企业更迭的事例就有力地证明了这一点。像通用汽车公司、大众汽车公司、西屋电器公司、国际商用机器公司、施乐公司和德克萨斯仪器公司这些似乎不可战胜的全球著名公司，偶尔也不得不屈居下风。其中缘由就是不同企业在运用资源过程中的激活和融合资源能力存在差异。因此，通过高效地组织协调企业资源，提高企业资源的激活及融合能力，发挥企业资源的效率和效能，进而形成与其资源不完全相称的强大的竞争优势。

(三) 资源整合能力的形成

在产业分析框架下的企业成长过程中，企业的经营能力可表示企业利用所拥有经营资源来获取规模经济（表现为企业一定时点的、经济的、数量的扩张）、成长经济（表现为企业经营资源持续不断地扩大）和利用各种资源间相互协同的多样化经济（表现为企业经营领域的拓展和扩大）的能力。企业成长模式的选择则是通过比较企业经营能力和经营资源之间的配比关系进行的。鉴于起初根植于企业内的资源不是马上能对企业成长产生作用，管理者必须对所需进入的市场（或进入的行业）加以辨识、培育和保护，而后才能将资源转化为顾客价值。因此，管理能力不仅需要与资源相匹配，还应主动适应产业特性和行业标准。

不过，由于产业环境是一个开放的公共领域，信息的集中和收集以及分析的雷同，往往得出的结论和战略是相似的。所以，仅仅做环境和产业分析并不能得出预想的经济回报。因此，资源基础理论仍强调了内部资源与能力的整合，为此企业需要不断地积累战略，制订所需的各种资源，并需要企业不断地学习、超越和创新。只有资源与能力达到一定水平后,企业通过一系列组合和整合形成自己独特的，不易被模仿、替代和占有的战略资源，进而获得有利的外部竞争地位。

(四) 提高资源整合能力的途径

在领导工作实践中，领导者要提高自身的资源整合能力，必须从以下三个方面下功夫：

一是在观念上，必须树立任何资源都是可用的现代管理理念。整合资源，首先不是一种能力，而是一种意识和观念。在一位优秀领导者的思想意识中，任何事物都是有价值的，尤其是人才资源。很多事物、很多人才之所以还没有表现出它的价值，没有充分发挥出作用，主要原因不是它没有价值，而是放错了地方，或者没有给其发挥作用的空间和舞台。只有打破思维上的定势，才能进一步开阔眼界，培养自身进行资源整合的能力。

二是在眼界上，要具有开阔的视野和独到的眼光。善于整合资源的领导者往往独具慧眼，能够从一件事物、一个人身上看到别人所看不到的价值，并且具有开阔的眼界和丰富的想象力，能够把似乎毫不相关的事物联系起来，为实现同一个目标、完成同一项任务做出贡献。

三是在领导行为上，要注意克服“比试心理”的影响。对于领导者而言，整合组织内外部的人才资源，往往是其最重要的一项资源整合能力。但很多领导在这方面的表现却不尽如人意，其中一个重要的原因，往往是其内心深处的“比试心理”在作怪。不少领导，尤其是干业务出身、业务能力较强的领导，很容易产生一种“比试心理”，即自觉不自觉地将自己的业务专长与业务水平和他人做比较，这往往会带来负面效应。

二、技能训练

（一）活动训练

大学生创业应有的素质

活动目的：

认识自己自主创业的能力。

活动程序：

大学生创业越早越好，勇于冒险，自立自强，终将与众不同，多少有成就人士在学生时代都显露出不一样的个性，思维和胆识或多或少都不一样，甚至在别人看来都是些极其调皮、极其疯狂的人。但恰恰这些人十年后是生活中的强者、财富拥有者，令同学朋友羡慕。那么作为年轻人创业应具备什么样的素质呢？

1. 激情四射、充满战斗力、强大的行动力——你将成为最帅气、最有魅力的人。

2. 必胜的信心——任何困难在你面前让路。

3. 怀有梦想和野心——一生无求的人像死水一样平淡无奇，连眼睛都没有灵光。

4. 身体和心灵的健康——健康的人有使不完的劲，没有健康谈何成功。

5. 百折不挠的精神——要你认准这个行业对你有极大的发展，要沉住气，忍受煎熬。艰难困苦决不放弃！三分钟的热情让你一辈子原地踏步，只会让你成为平庸的空想者。即便遭遇一百次的挫折，仍然保持热情与希望，依然继续第一百零一次的努力。始终坚信：一份最棒的礼物，终将在你的坚忍不拔、锲而不舍的奋斗中到来。

6. 信誉是你一生的财富——信用是枯竭的资源，谁拥有它，谁就拥有财富，失去信誉的人一辈子都难做大做强。

7. 经营好你的人脉——成功离不开朋友的帮助和团队的精诚合作，单打独斗的年代已经过去，一定与一流的人士合作。

8. 为自己的事业找一个导师——冠军都有自己的教练，而业余爱好者是没有教练的，所以成功的概率很小。在你的行业中，拜师学习经验，成功走捷径，模仿和复制别人的成功模式是实现成功的最佳方式。而靠自己摸索的人只有走弯路，挫折不断，浪费几年美好的时光，失败的例子太多。有些人也因此再也爬不起来，生活贫困。

9. 风险防范意识——任何冲动的投资，除非他运气很好，否则就会带来毁灭性的打击。有的人凭感觉、凭满腔的热情，结果输得欲哭无泪。做投资就应规避经营风险、法律风险、政策风险。对项目要进行充分的市场调查评估，要有专业的经验丰富的高手指导，有律师、会计的参与。建议最好加盟别人成熟的品牌，另建议大学生开始创业前找到一个适合自己的行业，并在其间摸爬滚打一两年熟悉该行业后开始创业。

10. 学会分享、奉献、共赢。

思考：结合以上素质要求，分析自己性格气质上的优缺点，规划自己的职业生涯。

（二）案例分析

陈老板租的烂尾楼

高笋塘地处重庆市万州区核心商圈，但在此从高笋塘改扩建以来一直有栋“豪华”的烂尾楼——万川花园。30层高的写字楼从建成以来基本上没有使用过，一直闲置着。大楼建成之初，重庆百货将该大楼的一至四层购买，作为重庆百货万州分公司的卖场。但因地势稍偏等各种原因，重庆百货在万州市场一直没有竞争赢它的对手。后重庆百货搬至一个更好的卖场，此大楼一层被一些零散的商户租用，二至四层一直闲置着没人过问。重庆百货是重庆著名的百货公司，前些年每年的销售额位居全国百货业前十名，后来公司又成为上市公司，财大气粗。2008年一陈姓老板在大家不看好的情况下，找到业主经过多次商谈，讲明此3层楼空着也是空着，不如租给他，公司还会收到一些租金，最终以非常便宜的价格租下了该大楼的第二至四层，面积近2 000平方米，年租金30万元，租期10年。此3层楼房租下后，陈老板经过一番大兴土木，将原来用做商场的铺面改造成井然有序、漂漂亮亮的写字间，再经过一番招商，迅速地将所有写字间全部租了出去。第一年共收得租金约130万元。此后商家每年的租金还要按当年的市场行情递增。

至此旁边人才明白，陈老板通过资源整合，将核心商圈的烂尾楼租下，经过其投入20多万元的改造，每年轻松赚得好几百万元。

思考：1. 陈老板通过什么方法赚到了钱？

2. 陈老板是如何整合各方资源的？

三、同步练习

1. 什么是资源整合能力？资源整合能力具体体现在哪些方面？

2. 资源整合能力是如何形成的？

3. 提高资源整合能力有哪些途径？

四、知识链接

李嘉诚心中的资源整合

如果你现在只有1家店，或2家，或3家店，而且做得还不怎么样，你是断然不会去想如何再去开10家店的。你天天想的是如何提高业绩，如何学习模式，如何规范管理、技术、流程、员工教育……

一大堆的问题好像永远都解决不完。如果告诉你：“不管你现在多少家店，学习以下方法后1个月你就可以开10家直营店，10家店一年就可以变成100家……”

首先你需要做的是忘掉业绩，忘掉模式，忘掉管理、技术、流程。如果你有1 000万，那么你可以直接请人来解决这些问题，用现金流的方法来看待：一家店一年做150万的业绩，10家店就是1 500万，100家就是1.5个亿。

资源互换可以产生强大的魔力：假如你擅长技术，你对面或隔壁的店擅长管理，过去的思维模式是你拼命地去学习管理来打败你对面或隔壁的竞争对手，同理，你的竞争对手也在拼命地学习技术来打败你。三年过去，你们谁也没有打败谁，因为你和你的对手都在不断地学习和进步，最终的结局是，在你和你的竞争对手拼得你死我活、两败俱伤的时候，一个大连锁进来把你和你的竞争对手全部收购了……

我们来换个思维：假如当初你和你的竞争对手联合起来，成立一家公司，你负责技术，他负责管理。那么你省下 3 年的时间来研究管理，他省下 3 年的时间来研究技术。你们一合作管理和技术都有了，再找一个营销比较擅长的老板来合作，那么技术、管理、营销全部都有了。

而一谈到和别人合作，大多数老板的思维却是：和他合作我有什么好处？一旦你形成了这种和别人合作就必须占别人便宜的思维，那么你就永远都做不大，因为没有人愿意和小心眼的人来往。

而真正正确的思维方式是：和他合作我能带给他什么好处？一旦你形成这种总裁的格局，你缺的只是下面的方法而已……

打败对手的最高境界是整合对手。两家店如何合作呢？谁也不要去想收购谁，股权互换就可以了。假如你们两家店的股本都是 50 万一家，那么你用 20%的股权换他 20%的股权就可以了，如果两家店股本不一样，用等价交换股权的方法是一样的。账谁来管都一样，请专职会计就可以了，管钱的事到银行申请一个你和他的联名账号就可以了。两家股本各 50 万的店合并在一起后，总股本就达到了 100 万，这时再去整合第三家店，假如第三家店的总股本也是 50 万，那么你用 10%的股权就可以换他 20%的股权了，三家店加在一起后总股本就达到了 150 万，用同样的方法再去整合第四家、第五家……第十家。假如每家店的股本都是 50 万，那么 10 家店的股本就是 500 万，成立公司后公司控门店股份为 30%，那么公司占门店总股权就是 500 万总股本乘 30%股份等于 150 万，也就是说公司董事会股本是 150 万，而公司本身的总股本就是董事会股本加公司实际投资金额得出公司总股本。

假如原始创业团队是 10 个老板，每人一家店，那么就代表董事会股东是 10 个人，每个人的占股比例就是你转到董事会的实际股本除以公司总股本，得出你在公司所占的股份比例。成立公司的法律流程、公司章程、股份合同等等花 3 000 块钱，找个律师事务所就全部搞定了。一个人去开 10 家店会累死，因为你什么都要管；10 个人去开 100 家店就很轻松，因为分工明确：搞技术的搞技术，搞管理的搞管理，搞营销的搞营销，搞流程的搞流程……

10 个人开 100 家店看起来还是 1 个人 10 家店，赚的钱应该一样多才对，错了！

10 个人开 100 家店赚的钱平均下来比 1 个人开 10 家店赚的钱多 3 倍以上，而且更轻松，看本文看到最后，你就会被吓一大跳！

通过整合的方法谁也没有花一分钱，用股权互换的模式你已经拥有了 10 家店，那么整合 10 家店的时间一个月足够，一分钱都不用花。在资源整合的过程中，考验的是你的谈判沟通技巧和你的格局，斤斤计较的人是永远做不大的。

切记，有多少人愿意和你一起合作就代表你有多少便宜给别人占，如果你总想去占别人的便宜，你就不要往下看了，因为看了也白看。

连锁之路——成立公司（鼓掌）

当你有了 10 家店的时候，你就必须找个办公场地正式公司化经营了，因为连锁和多店最本质的区别就是连锁是以公司为单位来经营的，而多店是没有成立公司，是以店为单位来经营的，所以，不懂得如何运作公司的连锁店老板，他是很难突破 30 家店的瓶颈的。

连锁必须公司化营运，否则做大了也会崩盘！

在公司没有成立之前，你在整合的过程中，千万不要去叫别人把店的招牌换成你的招牌。第一你这样做会让对方很反感直接导致整合失败；第二，这个时候换不换招牌没有任何实际意义。但在公司成立以后就必须统一招牌了，因为要塑造品牌意识了。

10个老板10个招牌，用谁的其他人都会不舒服，最佳方法就是10家店全部重新取个新名称。真正的品牌在于你的实际规模，合作的老板千万不要纠结于要不要用你的店名来做品牌，因为名字本身并不重要，就像叫张富贵的人不一定就富贵，说不定是个要饭的。当你有了100家店的时候，不管叫什么，那也是全国知名连锁品牌。

通过资源整合的方法让你从1家店变成了10家，这个时候你是一分钱都没有花。

那么成立公司要不要花钱呢？假如在市中心租一间300平方米的办公室租金要30万，我们可以通过收取门店管理费的方法来实现，假如每家店一年的劳动业绩是150万，那么10家店就是1 500万，我们收取劳动业绩的5%来作为公司的管理费（店多了以后管理费必须下调），那么就是75万管理费，拿出30万来付房租，再拿出20万来装修，10万买办公设备，剩下15万用作公司的备用资金。

由于所有合作的老板都是公司董事会成员，没有人不同意收取门店管理费，因为你的店也同样向公司支付了5%管理费，每年收取的75万管理费，足够支付公司30个办公人员的工资。一分钱没花，你拥有了10家店和一个300平方米的公司！

收购店的时候，记住一定是现金收购门店30%的股份，因为现金收购的方式是最快的，原因是你拿现金来收购别人的门店，被收购的门店就认为你很有诚意他就完全放心和你合作，千万不要像有的连锁机构动不动就要别人拿干股出来和他合作，这是一种鼠目寸光的行为。

钱从哪里来呢？

用这个方法：建立发展基金。发展基金就是每月每个股东的分红扣除15%来作为发展基金，建立发展基金的目的就是用来投资开店的。

划分区域以后，开股东投资会都省了，店在谁的区域，谁就来投资，公司财务直接从他的个人发展基金里划账就可以了。

说到这里给经销商的利益还不够，教育部的对外招商也要交给经销商来负责，给经销商30%的学费提成。假如你在教育部对外召开总裁班，收取每个老板2 000元学费，50个老板就是10万学费，经销商30%的提成就是3万现金，经销商至此就开始拼命为你做事，拼命为你摇旗呐喊了。

等你发展到30家店的时候，你可以和经销商谈分红了，经销商供到你店里的产品他的利润是30%，你要他再分给你30%利润，经销商不会不同意的（他自己还有70%的利润）。因为这个时候你就是他大爷。

用方法整合了经销商，用同样的方法再去整合装修公司——广告公司。

如果你是一个有思想有格局的老板，那么从10家店到150家店，只需要两年的时间！

一个城市只能容纳3~5家店，当你发展够3家店以后，假如你还想在当地发展2家，这件事交给股东们去干就可以了。你必须要去实现连锁发展的第二步：跨区域发展。

要想发展得又稳又快，就要使用“保龄球战略”，什么叫保龄球战略？就是你手里抓住1个母球扔出去然后炸开10个子球。什么是母球？母球就是连锁；什么是子球？子球就是你要充分利用你隔壁城市连锁的团队和他的资源还有他的网络，你把一整套资源整合的方案复制到他身上就可以了，由于你们两家公司已经合并了，他用你的方法去拼命开的店其实也是你的店。

所以，一个简单的哲学思维就是：

你想开 100 家店，只要找到 10 个每个想开 10 家店的人来和你合作就可以了。

现在就要学习如何整合连锁了。

因为你现在已经有了 30 家店，有公司，有学校，那么这个时候你在那些十几家店的连锁店老板眼里已经是大师了，所以在平等互利合作的基础上，那些十几家店的连锁店老板和你合作就占了大便宜了。

切记，连锁店是不可能为了和你合作去换招牌的，一家连锁企业旗下有 2~3 个品牌是很正常的。

只要你能成功地合并掉 3 家隔壁城市的小连锁，并把资源整合的方法复制到他们身上让他们拼命地去发展，那么你想开 150 家店，两年的时间已经足够了。

连锁与连锁合作比单店与单店合作成功率高 3 倍，因为连锁店老板已经具备一定的格局，合作思维也相对开放得多。但连锁与连锁合并等同于两家公司合并，所涉及的股权交易股本核算，资产重组与董事会重组就要复杂得多，而且还涉及多品牌运作的方法和公司的法律程序，这个时候你基本上很难自己去搞定最终数据。

如果你的格局够大，两年后你的直营店达到 150 家，每家店一年业绩为 150 万。我们来看一下下面的数据：

你卡上的现金流：

150 家店×150 万业绩=2.25 亿现金。

公司每年收取的管理费：

2.25 亿现金×3%管理费=675 万，去掉 300 万的办公人员工资和开支，净赚 375 万。

教育部每年收取的学习基金：

2.25 亿×45%工资×10%学习基金=1 012.5 万，去掉 312.5 万的开支，学校净赚 700 万。

还没算对外招商的收入。

产品利润：2.25 亿×10%产品用量×30%利润=675 万

装修利润：每家店 3 年装修一次，每次装修平均 30 万，30 万×150 家店×30%利润=1 350 万（每 3 年)

房租预提：每家店每年平均 20 万房租，150 家店×20 万=3 000 万，把房租统一到一天来交，3 000 万的一年固定期存款，利息是多少？

折旧预提：每家店 3 年装修一次，平均装修 20 万一家，150 家店 3 年折旧预提又是 3 000 万，3 000 万 3 年固定期存款，利息又是多少？

还有其他利润：

物流利润……

广告利润……

不用算了……

学习任务三　绩效管理能力训练

企业的发展离不开绩效管理体系和管理制度，有效的绩效管理可以把公司的战略、资源、业务和行动有机地结合起来。无论企业处于何种发展阶段，绩效管理对于提升企业的竞争力都具有巨大的推动作用，进行绩效管理是非常必要的。绩效管理对于处于成熟期的企业而言尤其重要，没有有效的绩效管理，组织和个人的绩效得不到持续提升，组织和个人就不能适应残酷的市场竞争需求，最终将被市场淘汰。

学习目标

1. 了解绩效、绩效管理及绩效计划的含义；
2. 掌握绩效管理的基本流程，理解绩效改进的流程和方法；
3. 能运用绩效考核的一些基本方法；
4. 能对绩效进行适当的改进。

任务导入

是否该建立绩效管理体系

新星公司是一家小型公司。创业初期，降低成本、提高销售额成为公司的总目标。由于业务繁忙，公司没有时间制订一套正式的、完整的绩效考核评价制度，以前只是由公司老总王某兼任人力资源总监，采取了一些补救措施。比如，他会不定期地对工作表现好的员工进行表扬，并予以物质奖励；也对态度不积极的员工提出批评；一旦员工的销售业绩连续下滑，他会找员工谈心，找缺陷，补不足，鼓励员工积极进取。现在公司规模大了，已经由最初几十个人发展到现在的上百人。随着规模不断扩大，管理人员和销售人员的增加，问题也出现了，员工的流失率一直居高不下，员工的士气也不高。王某不得不考虑，是否该建立绩效考核的正式制度，以及如何对管理人员进行考核等问题。

思考：1. 该企业建立正式的绩效考核制度是否有必要？

2. 如何设计销售人员或管理人员的绩效考核方案？

一、知识预备

（一）绩效与绩效管理

绩效是指主体行为或者结果中的投入产出比，即一个组织或个人在一定时期内的投入产出情况，投入（行为）指的是人力、物力、时间等物质资源，产出（结果）指的是工作任务在数量、质量及效率方面的完成情况。

其特点表现在以下三个方面：

(1) 多因性是指员工的绩效高低受多个方面因素的影响，主要有四个方面：技能（个人的天赋、智力、受教育水平等个人特点）、激励（员工工作的积极性，员工的需要结构、感知、价值观等）、机会（承担某项工作任务的机会）、环境（工作环境，包括文化环境、客观环境等）。

(2) 多维性是指需要从多个不同的方面和维度对员工的绩效进行考核分析，即从员工的工作能力、工作态度和工作业绩等方面去进行考核，才能取得比较合理的、客观的、易接受的结果。

(3) 动态性是指绩效是多因性的，并且这些因素处于不断变化中，因此绩效也会不断发生变化。因此，在绩效管理过程中要视具体情况、具体问题具体分析。

绩效管理是指各级管理者和员工为了达到组织目标共同参与的绩效计划制订、绩效辅导沟通、绩效考核评价、绩效结果应用、绩效目标提升的持续循环过程，绩效管理的目的是持续提升个人、部门和组织的能力，以便提高个人、部门和组织的绩效，更好地实现组织的战略目标。

绩效管理对企业以及对员工都有着重要的作用。对企业而言有如下功能：诊断功能、监测功能、导向功能、竞争功能等。对员工而言又有如下功能：激励功能、规范功能、发展功能、控制功能、沟通功能。绩效管理制度是使企业的这些绩效管理功能能够正常发挥作用的制度性保证。

在进行绩效管理时要坚持以下四个方面的原则：

(1) 公开原则。考评标准的制订是通过协商和讨论完成的，考评过程是公开的、制度化的、客观的。

(2) 反馈原则。考评人在对被考评人进行绩效考评的过程中，需要把考评反馈给被考评者，同时听取被考评者对考评结果的意见，对考评结果存在的问题及时修正或做出合理解释。

(3) 公私分明原则。绩效考评是针对工作业绩进行的考评，绩效考评应就事论事而不可将与工作无关的因素带入考评工作。

(4) 时效性原则。绩效考评是对考评期内工作成果的综合评价，不应将本考评期之前的行为强加于本次的考评结果中，也不能取近期的业绩或比较突出的一两个成果来代替整个考评期的业绩。

绩效管理有以下五个特点：

(1) 制度化。是指企业在制度上规范绩效管理的各个环节工作，明晰企业高层、人力资源管理部门以及各级直线领导者在绩效管理方面所担负的职责；在流程上明晰考核各个环节进行的时限，以督促各相关人员及时完成绩效考核工作；同时在制度上明确组织及个人的考核方式、考核周期、考核内容、考核结果应用等各个方面。

(2) 动态维护。是指企业一旦建立起比较规范的绩效管理系统后，人力资源部门以及各级直线领导要对绩效管理系统进行动态维护。有效绩效管理的基础是目标管理，企业应及时调整组织和个人的业绩目标，使目标具有挑战性，同时经过努力后可以达到。在企业发展战略或企业经营重心发生变化的情况下，要及时调整组织及个人的绩效考核方式，对绩效考核的内容、绩效考核周期、绩效考核者、绩效目标等做出必要的调整，促使组织和员工的行为符合企业的发展目标。

(3) 可操作性。是指企业现有人力资源管理人员以及各级直线领导者能清楚地理解绩效考核体系各个环节的逻辑关系，能掌握各个环节所需要的工具方法，能做好每一环节的具体工作，能化解绩效考核面临的压力，保证绩效考核顺利推行。

(4) 可接受性。是指绩效考核各个环节，尤其是绩效考核的方式、绩效考核的内容、考核周期、评价标准、绩效目标等要能让被考核的组织和个人所接受，取得被考核对象的理解和支持，这样绩效考核实施过程才不会遇到太大的阻力。因此在绩效管理过程中，必须重视被考核对象的参与和支持。

(5) 可靠性。是指组织或员工的绩效考核结果和实际绩效表现是一致的，这样才能保证绩效好的组织或个人可以得到好的评价，受到激励继续提升绩效；才能使业绩较差的组织或个人受到鞭策，转变工作态度或工作方法进而改善绩效。对于有效的绩效管理系统，可靠性是非常关键的，因为它保证员工具有内部公平感觉，使其坚信只要努力就会有回报，激励员工积极向上，使个人和组织的绩效得以提升。

(二) 绩效管理的基本流程

1. 绩效计划的制订

(1) 绩效计划的内涵

所谓绩效计划是指被考核者和考核者双方对应该实现的工作绩效进行沟通的过程，并将沟通的结果落实为订立正式书面协议即绩效计划和评估表，它是双方在明晰责、权、得的基础上签订的一个内部协议。

在绩效计划阶段，让员工充分参与计划的制订，并签订非常正规的绩效契约，让员工感到自己对绩效计划中的内容做了很强的公开承诺，从而使员工更加倾向于坚持这些承诺，履行自己的绩效计划。因此，作为成功的绩效计划，在绩效计划制订阶段结束时，管理人员和员工就应该能以同样的答案回答下列问题：

①员工在本次绩效期间内所要达到的工作目标是什么？

②员工的各项工作目标的权重如何？

③如何判断员工的工作目标完成得怎样？达成目标的结果是怎么样的？这些结果可以从哪些方面去衡量？评判的标准是什么？

④员工的工作绩效好坏对整个公司或部门的影响如何？

⑤员工在完成工作时可以拥有哪些权力？可以得到哪些资源？

⑥员工在达到目标的过程中可能遇到哪些困难和障碍？

⑦管理人员会为员工提供哪些支持和帮助？

⑧员工在完成工作过程中，如何去获得有关他们工作情况的信息？

⑨在绩效期内，管理人员将如何与员工进行沟通？

(2) 制订绩效计划的原则

即所谓SMART原则，具体如下：

①目标必须是明确的 (Specific)。所谓明确就是要用具体的语言清楚地说明要达成的行为标准。明确的目标几乎是所有成功团队的一致特点。很多团队不成功的重要原因之一就是因为目标定得模棱两可，或没有将目标有效地传达给相关成员。目标设置要有项目、衡量标准、达成措施、完成期限以及资源要求，使考核人能够很清晰地看到部门或科室月计划要做哪些事情，计划完成到什么样的程度。

②目标必须是可以衡量的（Measurable）。衡量性就是指目标应该是明确的，而不是模糊的。应该有一组明确的数据，作为衡量是否达成目标的依据。

如果制订的目标没有办法衡量，就无法判断这个目标是否实现。比如领导有一天问“这个目标离实现大概有多远”，团队成员的回答是“我们早实现了”。这就是领导和下属对团队目标所产生的一种分歧。原因就在于没有给他一个定量的可以衡量的分析数据。但并不是所有的目标都可以衡量，有时也会有例外，比如说大方向性质的目标就难以衡量。

目标的衡量标准遵循“能量化的量化，不能量化的质化”。使制订人与考核人有一个统一的、标准的、清晰的可度量的标尺，杜绝在目标设置中使用形容词等概念模糊、无法衡量的描述。对于目标的可衡量性应该首先从数量、质量、成本、时间、上级或客户的满意程度五个方面来进行，如果仍不能进行衡量，其次可考虑将目标细化，细化成分目标后再从以上五个方面衡量，如果仍不能衡量，还可以将完成目标的工作进行流程化，通过流程化使目标可衡量。

③目标必须是可以达到的（Attainable）。目标是可以让执行人实现的、达到的，如果上司利用一些行政手段，利用权力性的影响力一厢情愿地把自己所制订的目标强压给下属，下属典型的反应是一种心理和行为上的抗拒：我可以接受，但是否完成这个目标，有没有最终的把握，这个可不好说。一旦有一天这个目标真完成不了的时候，下属有一百个理由可以推卸责任，你看我早就说了，这个目标肯定完成不了，但你坚持要压给我。领导者应该更多地吸纳下属来参与目标制订的过程，即便是团队整体的目标。目标设置要坚持员工参与、上下左右沟通，使拟订的工作目标在组织及个人之间达成一致。既要使工作内容饱满，也要具有可实现性。可以制订出跳起来“摘桃”的目标，不能制订出跳起来“摘星星”的目标。

④目标必须和岗位职责具有相关性（Relevant）。目标的相关性是指实现此目标与其他目标的关联情况。如果实现了这个目标，但与其他的目标完全不相关，或者相关度很低，那这个目标即使被达到了，意义也不是很大。因为毕竟工作目标的设定，是要和岗位职责相关联的，不能跑题。

⑤目标必须具有明确的截止期限（Time-based）。目标特性的时限性就是指目标是有时间限制的。例如，我将在 2005 年 5 月 31 日之前完成某事。2005 年 5 月 31 日就是一个确定的时间限制。没有时间限制的目标没有办法考核，或带来考核的不公。上下级之间对目标轻重缓急的认识程度不同，上司着急，但下面不知道。到头来上司可以暴跳如雷，而下属觉得委屈。这种没有明确的时间限定的方式也会带来考核的不公正，伤害工作关系，伤害下属的工作热情。目标设置要具有时间限制，根据工作任务的权重、事情的轻重缓急拟订出完成目标项目的时间要求，定期检查项目的完成进度，及时掌握项目进展的变化情况，以方便对下属进行及时的工作指导，以及根据工作计划的异常情况变化及时地调整工作计划。

总之，无论是制订团队的工作目标，还是员工的绩效目标，都必须符合上述原则，五个原则缺一不可。制订的过程也是对部门或科室先期的工作掌控能力提升的过程，完成计划的过程也就是对自己现代化管理能力历练和实践的过程。

（3）绩效计划的作用

绩效计划是绩效管理体系的第一个关键步骤，也是实施绩效管理系统的主要平台和关键手段，通过它可以在公司内建立起一种科学合理的管理机制，能有机地将股东的利益和员工的个人利益整合在一起。对管理者来讲，能将组织目标和员工个人目标联系起来，引导员工的行为朝着实现组织战略目标的方向努力；对员工个人来讲，能明确自己的工作目标和工作重点，并了解上级对其工作成果的期望；对决策层来讲，能够把精力集中在对公司价值最关键的经营决策上，确保公司总体战略的逐步实施和年度工作目标的实现，有利于在公司内部创造一种突出绩效的企业文化。

（4）绩效计划的制订流程

①绩效计划的准备。本阶段主要包括企业、部门和员工个人三方面的信息准备。做好信息准备，对管理者来说，是分解落实企业目标的前提；对员工个人来讲，是明确工作目标的重要手段。

②绩效计划的沟通。绩效计划是双向沟通的过程，绩效计划的沟通阶段也是整个绩效计划的核心阶段。在这个阶段，管理人员与员工必须经过充分的交流，对员工在本次绩效期间内的工作目标和计划达成共识。绩效计划会议是绩效计划制订过程中进行沟通的一种普遍方式。在进行绩效计划会议时，首先往往需要回顾一下已经准备好的各种信息，在讨论具体的工作职责之前，管理人员和员工都应该知道公司的要求、发展方向以及对讨论具体工作职责有意义的其他信息，包括企业的经营计划、员工的工作描述和上一个绩效期间的评估结果等。

③绩效计划的审定和确认。在制订绩效计划的过程中，对计划的审定和确认是最后一个步骤。通过绩效沟通过程，管理者与员工共同确定员工计划，填写绩效计划书，以此作为员工未来绩效周期内的工作指南。绩效计划书也是对员工工作进行监督、检查与评定的重要依据。

2. 绩效辅导

绩效辅导是指在绩效管理过程中，对员工进行的一种有计划、有目标、有步骤的培训和帮辅。绩效辅导在于发现并分析制约员工绩效提升的障碍因素，进行对症下药的辅导，使得员工的知识、技能、工作方法、工作态度以及工作的价值等方面得到系统性的改善和提高，从而发挥出最大的潜力提高个人和组织的绩效，推动组织和个人不断进步，最终实现组织、经理人和员工的共赢发展。

（1）绩效辅导类型

当制订了绩效计划，明确了各自的目标之后，管理者的工作重点就是在各自目标实现过程中对员工进行辅导。辅导的方式有两种：一是会议式，即通过正式的会议实施辅导过程；二是非会议式，即通过各种非正式渠道和方法对员工实施辅导。需要强调的是：良好的沟通是有效辅导的基础。对于员工的参与，要求员工能够描述自己所要达到的目标或实现的业绩，并对自己要实现的目标进行评估。同时有效的辅导应该做到以下六点：

①随着目标的实现过程，辅导沟通是连续的；

②不仅限于在一些正式会议上，强调非正式沟通的重要性；

③明确并加强对实现目标的希望值；

④激励员工，对员工施加推动力；

⑤从员工处获得反馈并直接参与；

⑥针对结果目标和行为目标。

（2）绩效辅导时机的选择

①当员工希望你对某种情况发表意见时；

②当员工希望你解决某个问题时，尤其是出现在你的下属工作领域中的问题；

③当你发现一个需要采取改进措施的机会；

④当手下的员工通过培训掌握了新的技能，而你希望鼓励他们运用于实际工作当中。

(3) 绩效辅导步骤

①强调辅导的目的和重要性。用一种积极的方式来指导，强调员工的想法对此次讨论的意义。描述一下将要讨论的具体内容以及你为什么要讨论此项问题。

②询问辅导步骤。利用此机会更多地收集到真实的情况。收集的情况越具体真实，指导也就越有效。可以用开放式问题来收集具体的信息，征求员工对此问题的认识及想法，最后总结一下你的理解以确认已对所有事实有清楚的了解。

③商议期望达成的结果。在确认事实的基础上开始商议期望达到的结果是什么。可能是下属员工需有更多的投入，改进沟通技能或减少迟到等，确保这些理想的结果与完成已计划的绩效指标或工作目标紧密相关。双方对最终想获得的结果，有一个共同的认识是至关重要的。因为双方对想达到的结果意见不一致就会对为达到结果所采取的有效工作方式产生分歧，而最终完成目标的是下属人员本人。

④讨论可采用的解决问题的方法。在对理想结果取得一致认可的基础上，开始讨论用什么样的方法来达到目标，这是指导的最终关键。当有几种解决问题的方法时，开诚布公地讨论每种方法的利弊，尽量多地采用下属人员本人提出的方案，双方认可为达到理想的目标要采取的步骤和方法，确认双方都理解了将要采取的方法及步骤。

⑤设定下次讨论时间。在结束讨论之前指定一个下次讨论的时间，以让下属人员感觉到你始终关注他们这方面的改进情况。

3. 绩效面谈

(1) 绩效面谈的内涵

绩效面谈就是指通过面谈的方式，主管可以把绩效信息反馈给员工，员工可以进一步了解主管对自己的期望，了解自己的绩效，认识自己有待改进的方面；并且，员工也可以提出自己在完成绩效目标中遇到的困难，请求上级的指导与支持。

(2) 绩效面谈的内容

①谈工作业绩。在面谈时应将评估结果及时反馈给下属，如果下属对绩效评估的结果有异议，则需要和下属一起回顾上一绩效周期的绩效计划和绩效标准，并详细地向下属介绍绩效评估的理由。通过对绩效结果的反馈，总结绩效达成的经验，找出绩效未能有效达成的原因，为以后更好地完成工作打下基础。

②谈行为表现。除了绩效结果以外，主管还应关注下属的行为表现，比如工作态度、工作能力等，对工作态度和工作能力的关注可以帮助下属更好地完善自己，并提高员工的技能，也有助于帮助员工进行职业生涯规划。

③谈改进措施。绩效管理的最终目的是改善绩效。在面谈中，针对下属未能有效完成绩效计划，主管应该和下属一起分析绩效不佳的原因，并设法帮助下属提出具体的绩效改进措施。

④谈新的目标。绩效面谈作为绩效管理流程中的最后环节，主管应在这个环节中结合上一绩效周期的绩效计划完成情况，并结合下属新的工作任务，和下属一起提出下一绩效周期中的新的工作目标和工作标准，这实际上是帮助下属一起制订新的绩效计划。

4. 绩效考核

（1）绩效考核的内涵

绩效考核是指按照一定的标准，采用科学的方法，对企业员工的品德、工作绩效、能力和态度进行综合的检查和评定，以确定其工作业绩和潜力的管理方法。有效的绩效考核，不仅能确定每位员工对组织的贡献或不足，更可在整体上对人力资源的管理提供决定性的评估资料，从而可以改善组织的反馈机能，提高员工的工作绩效，更可激励士气，也可作为公平合理地酬赏员工的依据。

（2）绩效考核的原则

①公平原则。公平是确立推行人员考核制的前提。

②结果公开原则。考核的结论应对本人公开，这是保证考核民主的重要手段。这样做，一方面可以使被考核者了解自己的优点或缺点、长处或短处；从而使考核成绩好的人再接再厉，继续保持先进，也可以使考核成绩不好的人心悦诚服、奋起直追。另一方面还有助于防止考核中可能出现的偏见以及种种误差，以保证考核的公平与合理。

③客观考评原则。人事考评应当根据明确规定的考评标准，针对客观考评资料进行评价，尽量避免掺入主观性和感情色彩。

④反馈原则。考评的结果一定要反馈给被考评者本人，否则就起不到考评的教育作用。反馈考评结果的同时，应当向被考评者就评语进行说明解释，肯定成绩和进步，说明不足之处，提供今后努力的参考意见等。

⑤结合奖惩原则。依据考评的结果，应根据工作成绩的大小、好坏，有赏有罚，有升有降，而且这种赏罚、升降不仅与精神激励相联系，而且还必须通过工资、奖金等方式同物质利益相联系，这样才能达到考核的真正目的。

（3）绩效考核的基本方法

①经验排序法。是指考核主体依据自身的经验判断，把所有待评价的员工的绩效按照优劣的顺序进行排列，由此确定每个员工绩效大小。有时为了提高其精度，也可以将绩效的内容进行适当的分解，分项按照优良的顺序排列，再求出平均的序数。

这种方法的优点是计算简单，省时省力，简便易行；缺点是主观随意性大，完全由评价人员凭经验决定，不同的评价人员评价的结果往往不一样，不能用于比较不同部门的员工。

②强制分布法。也称强迫分配法、硬性分布法，是假设员工的工作行为和工作绩效整体呈正态分布的一种方法。按照正态分布的规律，员工的工作行为和工作绩效好、中、差的分布存在一定的比例关系，即在中间的员工应该最多，好的、差的是少数。强制分布法意味着提前确定不同绩效等级的员工比例，从而将被评价者分别归类到一个绩效等级中去，从最优到最差的百分比根据需要确定。

采用这种方法，比较简单，也相对公平，可以避免考评者过于严厉或者过于宽容的情况发生，克服平均主义，比较适用于规模较大、工种繁多的组织，一般不适用于二三个人的小企业。当然，如果员工的能力分布不成正态，该方法就不适合了，即这种方法对于绩效平平的部门也要“矮子里拔将军”，不利于调动优秀班组里所有员工的积极性。强制分布法只能把员工分成几种有限的类别，难以具体比较员工的差别，也不能在诊断工作问题时提供准确可靠的信息。

③关键事件法。也称重要事件法，是指在某些工作领域内，员工在完成任务的过程中，有效的工作行为促使了成功，无效的工作行为导致了失败，把这种有效或无效的事件称为

关键事件，考核人员要记录这些关键事件，并在预定的时期内进行回顾考评的一种方法。在运用关键事件法时，负责考评的主管人员将每一位员工在工作生活中所表现出来的非同寻常的良好行为或非同寻常的不良行为记录下来，形成一个书面报告，然后在每6个月左右的时间里，主管人员和员工根据所记录的特殊事件面对面地讨论后者的工作绩效。

关键事件法具有较大的时间跨度，可以贯穿考评期的始终，考评内容不是员工的短期表现，而是一年内的整体表现，保存了动态的关键事件记录。关键事件法一般与其他考评方法结合使用，能为其他考评方法提供一种有益的补充。关键事件法的缺点是对关键事件的观察和记录费时、费力，只能做定性分析，不能做定量分析，不能具体区分工作行为的重要性程序，很难使用该方法在员工之间进行比较。另外在采用这种方法时，考评者是用自己制订的标准来衡量员工，员工没有参与机会，因此，不适合用于进行人事决策。

④360度考核。也称全方位考核或全视角考核，是指员工在上司、同事、下属、客户和员工自己等人中，就德、能、勤、绩，或者是围绕企业的战略目标（定位），从财务、顾客、内部工作过程、学习与创新等方面对员工绩效进行全面考核的一种方法。360度既包括考核主体的全面性，也包括考核内容的全面性。

这种方法的出发点就是扩大考核者的范围与类型，从不同层次的人员中收集考核信息，从多个视角对员工进行综合考核。然后，由人力资源部门或外部专业考核人员根据有关人员对被考核者的考核，对比被考核者的自我考核，向被考核者提供反馈，以帮助被考核者提高其能力水平和业绩。这种方法的目的是为了达到有效的考核，从所有可能的渠道收集信息，获取组织成员行为观察资料，集中各种考核者的优势，使考核结果公正且全面。因此，它与传统的自上而下考核的本质区别就是其信息来源具有多样性，从而保证了考核的准确性、客观性和全面性。其缺点如下：由于侧重全面性，注重员工的全面衡量，企业生产经营的战略目标被弱化，定性的指标比较多，定量的指标比较少，会削弱绩效目标的意义，因此，长期以来员工关心的不是做了什么，结果如何，而是做的方式怎么样，领导、同事是否满意。360度考核涉及的数据和信息比其他考核方法要多得多，由于大量的信息要汇总，搞得不好，这种方法会变成机械地追逐文字和材料的数量，把人的直接沟通变成了表格和印刷材料的沟通。

5. 绩效沟通

（1）绩效沟通的内涵

绩效沟通是绩效管理的核心，是指考核者与被考核者就绩效考核反映出的问题以及考核机制本身存在的问题展开实质性的面谈，并着力于寻求应对之策，服务于后一阶段企业与员工绩效改善和提高的一种管理方法。

（2）绩效沟通过程

在某种程度上，沟通是绩效管理的本质与核心，它贯穿于绩效管理循环的始终——制订绩效计划与目标要沟通，帮助员工实现目标要沟通，年终评估要沟通，分析原因寻求进步要沟通。总之，绩效管理的过程就是员工和经理持续不断沟通，以提升绩效的过程。沟通无处不在，它存在于绩效管理的全过程。而绩效沟通又主要体现在以下四个方面：

①绩效理念沟通；

②绩效目标沟通；

③绩效过程沟通；

④绩效结果沟通。

许多管理活动失败的原因都是因为沟通出现了问题，绩效管理就是致力于管理沟通的改善，全面提高管理的沟通意识，提高管理的沟通技巧，进而改善企业的管理水平和管理者的管理素质。

(3) 绩效沟通的方法

①正式沟通。正式沟通是事先计划和安排好的，如定期的书面报告、面谈、有经理参加的定期小组或团队会等。

A.定期的书面报告。员工可以通过文字的形式向上级报告工作进展、反映发现的问题，主要有：周报、月报、季报和年报。当员工与上司不在同一地点办公时或经常在外地工作的人员可通过电子邮件进行传送。书面报告可培养员工理性、系统地考虑问题，提高逻辑思维和书面表达能力。

B.一对一正式面谈。正式面谈对于及早发现问题、找到和推行解决问题的方法是非常有效的；可以使管理者和员工进行比较深入的探讨，可以讨论不易公开的观点；使员工有一种被尊重的感觉，有利于建立管理者和员工之间的融洽关系。但面谈的重点应放在具体的工作任务和标准上，鼓励员工多谈自己的想法，以一种开放、坦诚的方式进行谈话和交流。

C.定期会议沟通。会议沟通可以满足团队交流的需要；定期参加会议的人员相互之间能掌握工作进展情况；通过会议沟通，员工往往能从上级口中获取公司战略或价值导向的信息。但应注意明确会议重点，注意会议的频率，避免进行不必要的会议。

②非正式沟通。非正式沟通是未经计划的，其沟通途径是通过组织内的种种社会关系。其形式如非正式的会议、闲聊、走动式交谈、吃饭时进行的交谈等。非正式沟通的好处是：形式多样、灵活，不需要刻意准备；沟通及时，问题发生后，马上就可以进行简短的交谈，从而使问题很快得到解决；容易拉近主管与员工之间的距离。

(三) 绩效改进的方法

1. 分析员工绩效考核结果，找出员工绩效中存在的问题

(1) 工作数量和质量不符合品质要求的员工；

(2) 态度消极并影响其他员工的员工；

(3) 严重违反企业精神或工作规则的员工；

(4) 基本上不认同公司价值体系的员工；

(5) 其他行为不当的员工，如经常迟到、缺席的员工。

2. 对绩效较差的员工找出存在的问题

参照本企业绩效考核方案，找出绩效较差的员工存在的问题，比较出差距。

3. 选择绩效改进的方法

运用标杆超越方法进行绩效改进，具体如下：

(1) 确定标杆超越的范围和对象；

(2) 明确自身存在的问题和差距；

(3) 确定标杆，即确定你超越的榜样；

(4) 找出榜样取得优异绩效的态度和方法；

(5) 参照标杆制订适合自己切实可行的绩效改进方案。

4. 评估绩效改进结果

绩效改进结果从以下四个方面进行评估：

(1) 需进行绩效改进的成员对绩效改进活动对他们的影响的反应如何；

(2) 实施绩效改进后，绩效改进成员了解或掌握了哪些以前不会的知识或技能；

(3) 绩效改进活动对工作是否产生了积极的影响，各成员是否在工作中运用新的技术、工具或程序；

(4) 绩效改进后绩效差距是否在缩小，差距的缩小与经营行为是否具有正向相关的关系。

在绩效改进过程中，有一些因素是会影响绩效改进的，例如个人的能力、态度、性格、价值观、动机以及周围的工作环境和压力等。将这些因素考虑进去之后再设计绩效改进方案，会得到更好的效果。绩效改进是绩效考核延续工作，其目的是为了帮助下属改进绩效、提升能力。把绩效改进的评估结果再次反馈回组织，并对其结果进行观察和分析，从而再次开始新的绩效考核循环。

二、技能训练

(一) 活动训练

制订绩效管理方案

训练目的：

结合自己所学知识，通过调研，尝试制订绩效管理方案。

活动程序：

实地走访本地区相关企业，收集并整理该企业的绩效管理资料，如绩效计划制订情况、绩效辅导与绩效面谈、绩效考核和绩效沟通与反馈等情况，然后撰写绩效管理方案。具体按以下步骤进行操作：

首先学生根据具体情况进行分组，然后各小组进行前期调研，收集和整理相关资料：(1) 调查、收集和整理涉及企业绩效管理的各种内外部信息；(2) 了解该企业的绩效管理文化——为制订绩效管理方案做准备；(3) 选取同行业的一些标杆企业进行调研，了解其在绩效管理方面的成熟做法，为本公司的相关决策提供参考。

(二) 案例分析

某丝绸贸易公司绩效考核为何失败

某丝绸贸易公司成立于 1992 年，注册资本 3 000 万元，由某丝绸集团股份公司和韩国某股份公司共同投资成立，主营业务范围包括丝绸面料、丝绸成衣的生产与销售。公司下属的 5 家分公司，现有员工 160 人；公司固定资产 6 000 万元，2007 年公司营业额 3.5 亿元，税利超千万元。

2008 年以后，由于受金融危机冲击，公司整体销售业绩大幅下降，财务状况令公司高层极为不满。为了尽快扭转局面，董事会决定加强营销力量，在现有的营销队伍基础上，再聘请一位营销副总。经过筛选，具有多年从事服装外销经验的王利被聘为公司营销副总。

王利上任后，认为公司销售业绩大幅下降，主要原因是公司缺乏有效的员工绩效考核机制，于是，开始引进绩效考核办法，对公司员工进行绩效考核。

在绩效考核中，讨论最激烈的一条就是大幅降低基础工资标准，原来较高的“基础工资”+少量的“奖金”模式由极低的“基础工资”+可能获得的较高的“奖金”模式的绩效工资替代。老员工大多持反对意见，新员工也表示很难接受。但公司迫于困境，董事会勉强同意了王利的改革方案。

在王利的一手策划下，绩效考核方案很快就付诸实施。方案实施后的第一个月，由于公司接到几张大单，大多员工收入不错，员工的情绪暂时得到了缓解。此后几个月，由于公司业绩没有达到预期目标，员工犹如掉入冰窖，老员工收入明显下降，新员工也感觉到自己的收入和公司当初承诺的相差甚远，抱怨声此起彼伏。

半年后，公司业绩非但没有好转，反而弄得大家人心惶惶。董事会不得不提前解除了王利的聘用合同。

王利十分困惑，自己这么努力，经常加班加点，为公司利益着想，倒头来却弄成这样。

思考：1. 公司进行绩效制度改革是否正确？

2. 王利进行绩效制度改革为什么会失败？若你进行绩效制度改革你会怎么办？

三、同步练习

1. 什么是绩效？什么是绩效管理？
2. 你认为应该如何进行绩效辅导？
3. 绩效考核有哪些步骤？
4. 如何进行绩效反馈？

四、知识链接

绩效改善的方法

一般组织对低能力、低绩效者采取辞退、再培训或惩罚的改善措施；而对因外部环境或条件引起的低绩效，则努力改善其工作环境与条件，或组织政策方法以达到绩效的改善。除上述绩效改善措施外，还有以下绩效改善方法。

1. 正强化

正强化是指当员工达到绩效目标时，立即给予肯定、认可并表扬等正面的激励。这种方法实施的一般思路是：首先，根据工作分析建立一个工作行为标准体系；然后，建立一个绩效目标体系，该目标体系要求具体明确并具有挑战性；最后，当员工的绩效达到目标要求时，立即实行正强化。

2. 员工帮助计划

员工帮助计划指帮助员工解决工作中一些习惯性的、对绩效又起主要影响作用的缺点，从而使其改善绩效。在具体实施计划时，必须得到高层管理者、部门主管和员工本人三方面的密切配合。

3. 员工忠告计划

该方法常用于员工经常出现低绩效，且正强化不起作用的情况下。该方法实施的一般步骤为：

首先，记录并分析低绩效出现的原因。

其次，主管人员向低绩效者说明问题的严重性，并告之通过改善应达到的绩效标准。

最后，根据实际工作状态，提出改善的建议和忠告，或者做其他相应的处理：如低绩效者不能主动改进不足，则主管要与之面谈并给予必要的建议和忠告；若仍达不到预期效果，则再次提醒并限期整改；若限期仍无效，则可以停职反省；若之后仍无提高绩效的迹象，则需解雇员工。

4. 负强化

与正强化相反，负强化是指员工一旦出现不良行为便立即给予惩罚，以防止不良行为再次发生。使用该方法时应注意：惩罚要有轻重之分，如可采用口头警告、书面警告、降职、解雇等；惩罚要公平及时，否则会引起员工的不满和失去惩罚本身的意义。

研究表明，若绩效考核结果得到有效应用，使员工及时改善绩效，则劳动生产率可提高 10%~30%，不失为一项成本低廉的上策，但这需要管理者和员工共同为此做出努力。

学习情境四　领导能力训练

领导是管理工作中的一项重要职能，领导工作是人与人之间交流互动的结果，领导者与被领导者双向互动，促使组织成员完成组织目标。组织目标是通过组织成员的集体活动来实现的，由于组织中成员存在知识、能力、信念等方面的差异，会在思想上发生分歧，行动上出现偏差。这就需要领导者借用个人的魅力和领导的艺术，通过有效的沟通来协调人们的关系与活动，充分调动成员的积极性，激发工作热情，引导组织成员满腔热情地、步调一致地朝着组织共同的目标前进。

学习任务一　沟通能力训练

沟通交流能力无论在生活中还是工作中都十分重要。在生活中，它能帮助我们与他人交流信息，建立友谊，促进合作；在工作中，它能保障各项工作的顺利执行。一个善于与别人交流的管理者，可以让自己的设想被部下所理解与接受，因此能保证命令的可靠执行，也可以得到部下的充分信任，让部门中充满团结协作的气氛。高超的沟通能力，是管理者事业成功的基础和保障。

学习目标

1. 了解沟通的含义及过程；
2. 根据需要传递的信息正确选择沟通的方法；
3. 掌握沟通的基本类型；
4. 提高沟通的技巧。

任务导入

我还会回来的

美国知名主持人林克莱特一天访问一名小朋友，问他说："你长大后想要当什么呀？"小朋友天真地回答："嗯……我要当飞机的驾驶员！"林克莱特接着问："如果有一天，你的飞机飞到太平洋上空所有引擎都熄火了，你会怎么办？"小朋友想了想："我会先告诉坐在飞机上的人绑好安全带，然后我挂上我的降落伞跳出去。"当现场的观众笑得东倒西歪时，林克莱特继续注视着这孩子，想看他是不是个自作聪明的家伙。没想到，接着，孩子的两行热泪夺眶而出，这才使得林克莱特发觉这孩子的悲悯之情远非笔墨所能形容。于是林克莱特问他说："为什么要这么做？"小孩的答案透露出一个孩子真挚的想法："我要去拿燃料，我还会回来的！"

思考：1. 我能听懂别人说话的真正意思吗？

2. 我经常把自己的意思投射到别人的话里面了吗？

一、知识预备

（一）沟通的概念与类型

1. 沟通的概念

沟通是为了一个设定的目标，把信息、思想和情感，在个人或群体间传递，并且达成共同协议的过程。

这个概念包含了三个方面的含义：

（1）沟通要有一个明确的目标

沟通要有一个明确的目标，这是沟通最重要的前提。只有大家有了明确的目标才叫沟通，如果没有目标，那是闲聊。

（2）达成共同的协议

沟通结束以后一定要形成一个双方或者多方都共同承认的协议，只有形成了这个协议才叫作完成了一次沟通。如果没有达成协议，那么这次不能称之为沟通。沟通是否结束的标志就是：是否达成了一个协议。

（3）沟通信息、思想和情感

沟通的内容不仅仅是信息，还包括思想和情感。

2. 沟通的过程

沟通是一个复杂的过程，一般来说，沟通的过程包含四个方面的要素。

（1）发送者

发送者是指某个将其想法传达给另一方以寻找信息或解释某种想法或情绪的人。发送者将信息通过某种特定信号编码形成一条消息，该消息是将这种想法传送到接收者那里的一种有形方式。

（2）接收者

接收者是指该信息要送往的那一方。接收者将所收到的消息译码以得出该信息的内涵。

(3) 通道

消息通过特定的渠道传送，这些渠道即沟通载体。该载体可以是一种正式的书面报告、电话或面谈。

(4) 反馈

接收者对发送人的信息做出反应即产生了反馈。若无反馈，该沟通就是单向的，有了反馈它才能成为双向式沟通。反馈是能够增强沟通效果的强有力因素，因为它能使得发送者判断接收者是否正确理解了信息。如图 4–1。

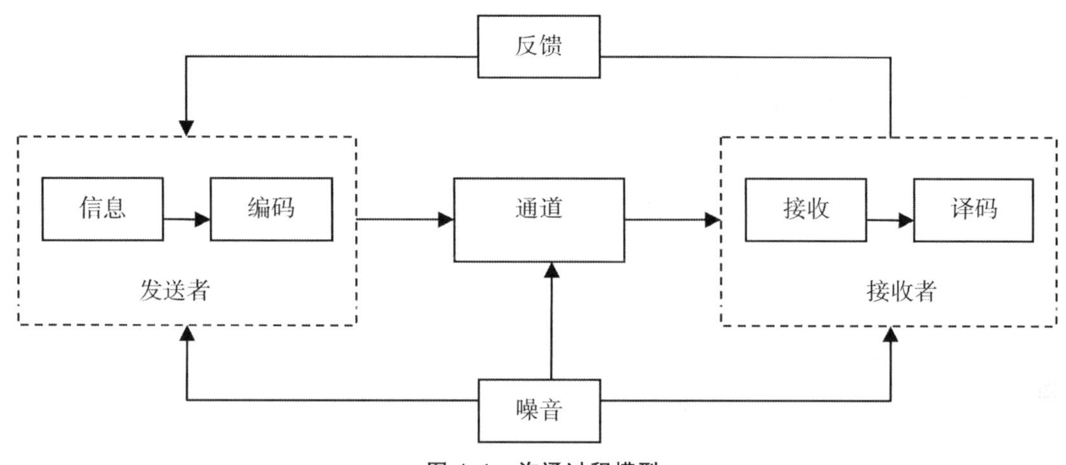

图 4–1 沟通过程模型

3. 沟通的类型

(1) 按沟通渠道划分，可分为正式沟通和非正式沟通

①正式沟通

正式沟通一般指在组织系统内，依据组织明文规定的原则进行的信息传递与交流。如组织间的公函来往、组织内部的文件传达、会议、情报交换等。

正式沟通的优点是沟通效果好，比较严肃，约束力强，易于保密，保持权威性。

正式沟通的缺点是刻板，沟通速度慢，存在信息失真或扭曲的可能。

正式沟通有以下几种沟通形态：

A.链式沟通。这是一个平行网络，其中居于两端的人只能与内侧的一个成员联系，居中的人则可分别与两人沟通信息。在一个组织系统中，它相当于一个纵向沟通网络，逐渐传递，信息可自上而下或自下而上进行传递。如图 4–2。

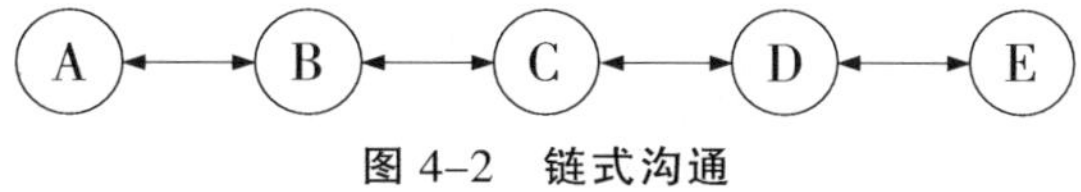

图 4–2 链式沟通

B.轮式沟通。属于控制型网络，其中只有一个成员是各种信息的汇集点与传递中心。在组织中，大体相当于一个领导直接管理几个部门的权威控制系统。如图 4–3。

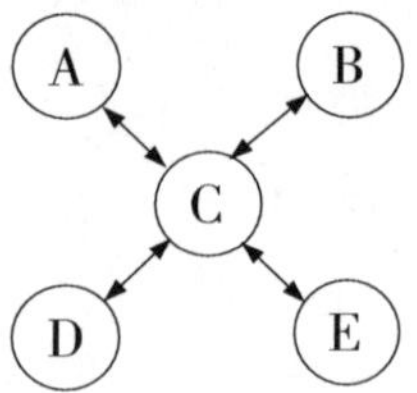

图 4–3 轮式沟通

C.Y 式沟通。这是一个纵向沟通网络，其中只有一个成员位于沟通内的中心，成为沟通的媒介。在组织中，这一网络大体相当于组织领导、秘书班子再到下级主管人员或一般成员之间的纵向关系。如图 4–4。

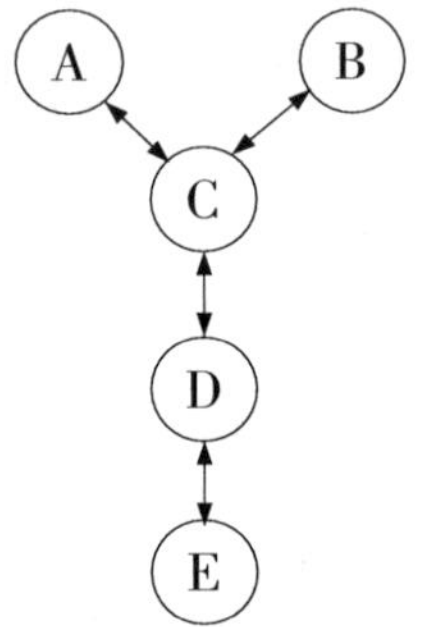

图 4–4 Y 式沟通

D.环式沟通。这种形态可以看成是链式形态的一个封闭式控制结构，每个人都可同时与两侧的人沟通信息。如图 4–5。

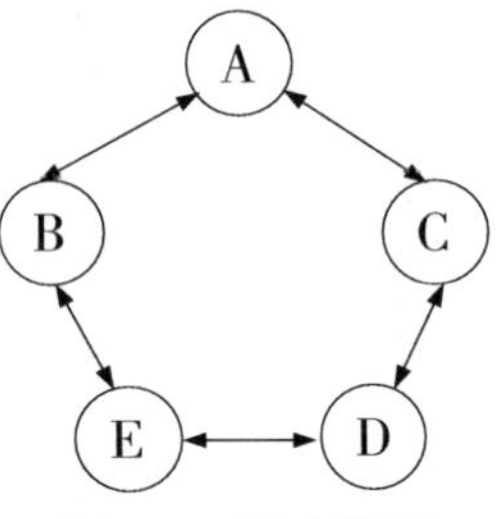

图 4–5 环式沟通

E.全通道式沟通。这是一个开放式的网络系统，其中每个成员之间都有一定的联系，彼此了解。如图 4–6。

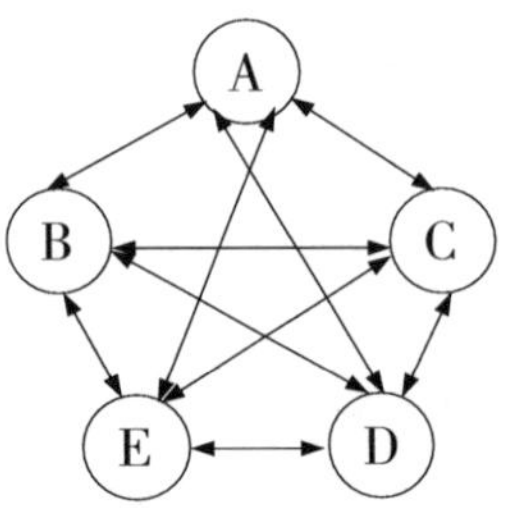

图 4–6 全通道式沟通

以上五种沟通形态各具优缺点，管理者在实际工作中要进行有效的人际沟通，就需发挥其优点，避免其缺点，见表4-1。

表4-1　五种沟通形态的比较

评价标准＼沟通形态	链式	轮式	Y式	环式	全通道式
集中性	中等	高	高	低	低
速度	中等	快	中等	慢	快
准确性	高	高	高	低	中等
控制可能性	中等	高	中等	低	低
士气	中等	低	中等	高	高

②非正式沟通

非正式沟通指的是通过正式沟通渠道以外的信息交流和传达方式。非正式沟通是非正式组织的副产品，它一方面满足了员工的需求，另一方面也补充了正式沟通系统的不足，是正式沟通的有机补充。在许多组织中，决策时利用的情报大部分是由非正式信息系统传递的。

非正式沟通的优点是沟通方便，内容广泛，方式灵活，沟通速度快，可用于传播一些不便正式沟通的信息。而且由于在这种沟通中比较容易把真实的思想、情绪、动机表露出来，因而能提供一些正式沟通中难以获得的信息。

非正式沟通的缺点是沟通比较难以控制，传递的信息往往不确切，易于失真、曲解，容易传播流言蜚语以混淆视听。

非正式沟通有以下几种沟通形态：

A.集群连锁。即在沟通过程中，可能有几个中心式的人物，由他转告若干人，而且有某种程度的弹性。如图4-7。

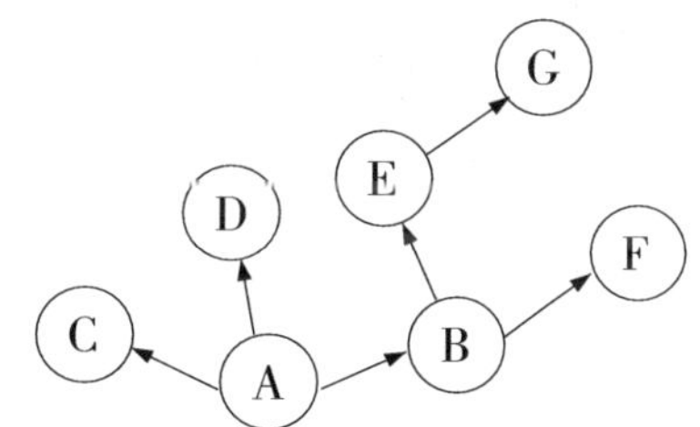

图4-7　集群连锁

B.密语连锁。由一人告知所有其他人，犹如其独家新闻。如图4-8。

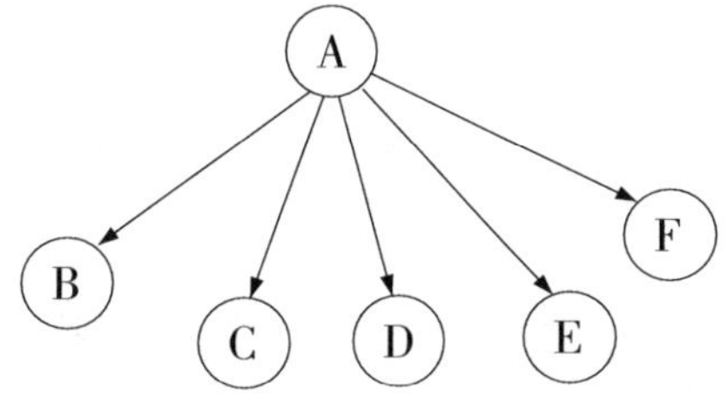

图4-8　密语连锁

C.随机连锁。即碰到什么人就转告什么人，并无一定中心人物或选择性。如图 4-9。

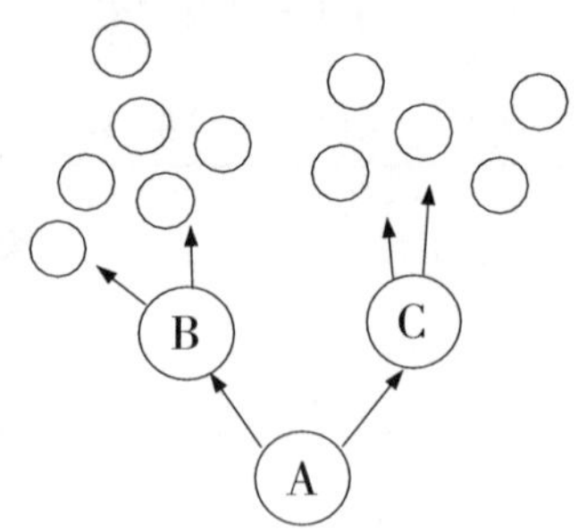

图 4-9 随机连锁

D.单线连锁。就是由一人转告另一人，他也只再转告一个人，这种情况最为少见。如图 4-10。

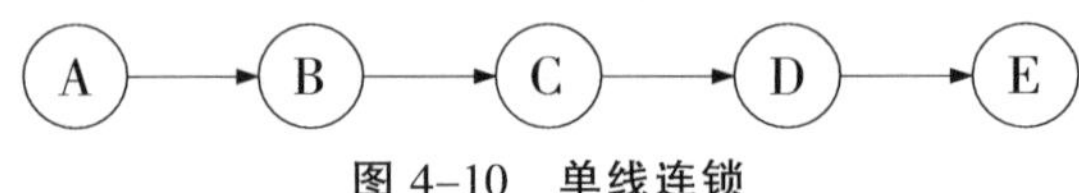

图 4-10 单线连锁

（2）按沟通的方向特点分，可分为单向沟通和双向沟通

①单向沟通

单向沟通是指在沟通过程中，发送者和接收者之间地位不变的一种沟通。如做报告、传达文件、发布指示等。

单向沟通虽然是一种交流活动，但只是发送者将信息传递给接收者，并不重视反馈。

②双向沟通

双向沟通是指在沟通过程中，发送者与接收者之间地位不断交换，信息发送和反馈往返多次的双边信息交流活动。如讨论、交谈、会谈、协商等。

（3）从沟通的方法来看，可分为语言沟通和非语言沟通

①语言沟通

语言是人类特有的一种非常好的、有效的沟通方式。语言的沟通包括口头语言、书面语言、图片或者图形等。

口头语言：包括我们面对面的谈话、开会议等。

书面语言：包括我们的信函、广告和传真，甚至现在用得很多的 QQ、E-mail 等。

图片：包括一些幻灯片和电影等。

②非语言沟通

非语言沟通主要是指用肢体语言沟通，肢体语言包含得非常丰富，包括我们的动作、表情、眼神。实际上，在我们的声音里也包含着非常丰富的肢体语言。我们在说每一句话的时候，用什么样的音色去说，用什么样的抑扬顿挫语调去说等，这都是肢体语言的一部分。见表 4-2。

表 4–2　肢体语言的含义

肢体语言表述	行为含义
手势	柔和的手势表示友好、商量，强硬的手势则意味着："我是对的，你必须听我的。"
脸部表情	微笑表示友善礼貌，皱眉表示怀疑和不满意
眼神	盯着看意味着不礼貌，但也可能表示兴趣，寻求支持
姿态	双臂环抱表示防御，开会时独坐一隅意味着傲慢或不感兴趣
声音	演说时抑扬顿挫表明热情，突然停顿是为了造成悬念，吸引注意力

（二）人际沟通的基本原则

1. 积极主动原则

人是群居动物，每个人都希望得到群体的认可和接纳。这样，心灵才不会感到孤独和寂寞。在人际交往中，每个人都有被人认同、被人承认的需要，以积极主动的态度去开展交流沟通，是让别人了解自己、认同自己的有效方式之一。

2. 真诚相待原则

"以诚感人者，人亦以诚而应；以术驭人者，人亦以术而待"。当今社会真诚是时代的主旋律，真诚比财富珍贵，真诚是人的内心美，真诚可以获得信任、赢得友谊，用真心去沟通，是解决问题的灵丹妙药，往往会得到意想不到的效果。

3. 相互尊重原则

美国心理学家威廉·詹姆斯说："人性中最强烈的欲望便是希望得到他人的敬慕。"人们渴望获得他人的认可和肯定，包括给予尊重、赞美、赏识和承认地位。尊重是一种涵养，尊重是不分对象的，无论对方的地位和身份如何，学会善待每一个人，尤其对弱者和身处逆境的人更要尊重。尊重是相互的，要尊重对方的人格和自尊心，只有尊重他人，才能赢得他人的尊重，只有学会尊重，才会有真正意义上的沟通。

4. 换位思考原则

换位思考的实质，就是设身处地为他人着想，即想人所想，理解至上。现实生活中"做人不易"，高官不易，富豪不易，老师不易，学生不易，老板不易，员工也不易。既然大家都不易，那当面对别人的失意、挫折、伤痛时，我们就不应该幸灾乐祸，而应有关怀、了解的心情。人与人在交往时心与心碰撞，唯有换位思考才能产生同理心，才能找到对方的需求，才能更好地理解别人并帮助别人，这是沟通的基础。

（三）沟通的技巧

1. 听的技巧

倾听是沟通成败的关键，而倾听又是人们最容易忽视的一种美德。在组织沟通中，言谈是最直接、最重要的一种沟通途径，有效的言谈沟通很大程度上取决于倾听。

（1）不要打断对方说话

无意识地打断别人的说话是可以理解的，但也应该尽量避免；有意识地打断别人的说话，对于别人来讲是非常不礼貌的。当你有意识地打断一个人说话以后，你会发现，你就好像挑起了一场战争，你的对手会以同样的方式来回应你，最后你们两个人说话就可能变成了吵架。因此有意识地打断是沟通过程中的大忌。

(2) 听清对方说话的重点

能够清楚地听出对方的说话重点，也是一种能力。因为并不是所有人都能清楚地表达自己的想法，特别是在不满，受情绪影响的时候，经常会有类似于“语无伦次”的情况出现。在沟通过程中，只有听清了对方说话的真实意思，才能做出正确的反馈。

(3) 适时表达自己的意见

说话必须有来有往，所以要在不打断对方说话的原则下，也应适时地表达自己的意见，这是正确的说话方式。这样做还可以让对方感受到，你始终都在注意地听，而且听明白了，还有一个效果就是可以避免你走神或疲惫。

(4) 肯定对方的说话价值

在别人说话时，即使是一个小小的价值，如果能得到肯定，讲话者的内心也会很高兴的，同时对肯定他的人必然会产生好感。因此，在听别人说话时，一定要用心地去找对方所讲内容的价值，并加以积极的肯定和赞美，这是获得对方好感的一大绝招。

(5) 配合肢体语言

当你与人交谈时，对对方活动的关心与否直接反映在你的脸上，所以，你无异于是他的一面镜子。因此，在倾听别人说话时，要用肢体语言去配合，要让对方能真实感受到你对他说话的兴趣和重视。

另外，在沟通过程中要注意：①眼睛要注视对方（不要一直盯住对方的眼睛）；②态度上要显示出很感兴趣，不时地点头表示赞成对方；③身体略微前倾；④不要随意改变对方的话题。

2. 说的技巧

说话是一门艺术，它不仅能起到传递信息的作用，还能够体现一个人的修养、知识、魅力等。有很多人说话的立足点和出发点本来是不错的，但不注意说话的艺术，导致了无谓的误解和争端。有时候一句话可以化干戈为玉帛，也可以让朋友变成仇人。正所谓“美言一句三冬暖，恶语伤人六月寒”。懂得说话的方法能让别人对我们有一个深刻的印象，在人群中树立良好的声誉。

(1) 说话时的态度

说话时的态度，可以直接影响别人对你的看法，说话时应站在与对方同等的地位，以民主的方式相互交换思想和意见，应避免傲慢和过于谦卑。同事间说话需要和谐，亲人间说话需要体贴，朋友间说话需要关爱。总之，无论在什么状态下，针对何人、涉及何事都要心平气和地说话。

(2) 让对方有说话的机会

说话时，不要只顾自己，要充分尊重对方，给对方说话的机会，要找到对方感兴趣的话题，引起对方的共鸣，从而形成双向沟通的环境。

(3) 巧妙地结束说话

在与人交谈时，我们常常不知何时该结束说话而滔滔不绝，把沟通变成了你的独角戏，这往往会引起对方的不满。因此，在沟通时，要学会结束说话，给对方发表意见的机会。特别是商务谈判时，更忌滔滔不绝。人们常说，即使是个傻子，也能开口说话，只有聪明的人，才能完美地结束话题。

3. 问的技巧

(1) 开放式的问话

即希望对方自由地发表意见或看法。开放式问话又分为无限开放式和有限开放式问话：无限开放式问话没有特定的答复范围，目的只是让对方讲话；有限开放式问话对回答的范围和方向有所限制。

(2) 封闭式问话

封闭式问话限定了对方回答的范围。封闭式问话可以表示两种不同的意见：一是表示对对方的答复的在意，一般在对方答复后立即提出一些和答复有关的封闭式问题；二是表示不想让对方就某一问题继续谈论下去，不想让对方多发表意见。

(3) 诱导式问话

即以诱导的方式让对方回答某个问题或同意某种观点。需注意，这种问话会给对方以紧张感，从而使对方隐藏自己真实的想法。

(4) 选择式的问话

向对方提出二选一的问题。

二、技能训练

(一) 活动训练

商店打烊时

活动目的：

学会倾听。

活动程序：

1. 先将准备好的答题表（见表 4–3）发给学生；

表 4–3　答题表

序号	问　　　　题	正确	错误	不知道
1	店主将店堂内的灯关掉后，一男子到达	T	F	?
2	抢劫者是一男子	T	F	?
3	来的那个男子没有索要钱款	T	F	?
4	打开收银机的那个男子是店主	T	F	?
5	店主倒出收银机中的东西后逃离	T	F	?
6	故事中提到了收银机，但没说里面具体有多少钱	T	F	?
7	抢劫者向店主索要钱款	T	F	?
8	索要钱款的男子倒出收银机中的东西后，急忙离开	T	F	?
9	抢劫者打开了收银机	T	F	?
10	店堂灯关掉后，一个男子来了	T	F	?
11	抢劫者没有把钱随身带走	T	F	?
12	故事涉及三个人物：店主，一个索要钱款的男子，以及一个警察	T	F	?

2. 老师读以下一段文字：

某商人刚关上店里的灯，一男子来到店堂并索要钱款，店主打开收银机，收银机内的东西被倒了出来而那个男子逃走了，一位警察很快接到报案。

3. 学生根据听到的内容，回答材料中的问题；

4. 学生互相讨论答案；

5. 老师宣布正确答案。

思考：1. 我在认真听吗？

2. 我对信息的判断能力怎样？

（二）案例分析

哥伦比亚航空 052 班机坠机事故

1990 年 1 月 25 日，一架哥伦比亚民航飞机飞往纽约肯尼迪机场。当天天气很糟，大量航班延误，空中交通堵塞。这架飞机在空中盘旋了一个多小时，一直没得到降落许可。

在好不容易等来“绿灯”之后，突然刮来的一阵风让降落失败了。飞行员不得不再次拉起飞机。就在飞机盘旋时，突然一个引擎熄火了，接着，另一个也熄火了。飞行员试图通过滑翔到达机场，但距离太远，这架波音 707 飞机没到机场就坠毁了。158 名乘客中，73 人罹难。

坠机原因令人震惊：燃油耗尽。

肯尼迪机场是世界上最现代化的机场之一，空管人员经验丰富，怎么会犯如此低级的错误？

坠毁以前机组人员的对话，以及他们和塔台的对话，都收录在黑匣子里。事故的原因，就在这些对话中。

在这个不幸的哥伦比亚机组中，负责和塔台联系的是大副。第一次降落失败以后，飞行员发现油不够了，塔台接通了驾驶舱，告诉他们向左转。接下来的对话是：

飞行员：“告诉他们我们状况紧急。”

大副（对塔台）：“好的，航向 180，呃，我们会再试一次。我们马上就没油了。”

当天天气糟糕，一大堆航班延误。在正常盘旋等待降落的飞机不少。在空管员的耳机里，差不多每个飞行员都在抱怨自己油料不多，希望能尽快降落。

请注意这个大副的言辞。他先按照正常程序回应塔台，中间还来了一个“呃”，最后才说出“我们马上没油了”。

这种表达方式，在空管员看来，就像办公室里有人说“我快累死了”一样。没人会以为办公室同事真的快死了。

为了分析这次事故的原因，到场的语言学家对黑匣子中的每句话都做了深入的分析，其他更广泛的文化分析也有了用武之地。

在有些国家，比如美国，人与人之间的平等意识比较强，上下级意识没那么强烈。如果这个大副是个美国人，他一定会用严厉的口气告诉空管员，飞机必须马上降落，否则就有坠毁的可能。空管员得到这样明确的信息以后，也自然会做相应的安排，绝不会让快没油的飞机再去转一大圈。

可是，哥伦比亚是一个等级意识很强的国家。在他们的文化中，下级对上级，不能用严厉的口气说话，一切都要听权力最大的那个人。在驾驶舱中，权力最大的就是飞行员。而在机场上空，权力最大的是那个纽约空管员。

坠毁前数分钟，飞机与塔台进行最后一次电台联络。空管员询问大副飞机燃油到底够不够。大副说："我猜行。非常感谢。"这时，飞行员转向大副问："他（空管员）怎么说？"大副："这人有点生气。"

飞机随时可能坠毁，但大副却无法摆脱空管员以盛气凌人口气对他说话造成的不安。因此，飞机坠毁了。

思考：1.052 班机为何会坠毁？

2.环境对沟通有没有影响？

三、同步练习

1.什么是沟通？沟通的过程是怎样的？

2.沟通有什么类型？

3.沟通的基本原则有哪些？

4.如何提高自己的沟通能力？

四、知识链接

人际交往的距离

美国著名人类学家爱德华·霍尔博士根据交往双方的人际关系与他们所处的情境将彼此间的距离划分为四种，每种距离分别对应不同的双方关系。

1. 亲密距离

这是人际交往中的最小距离，甚至被叫作零距离，也就是人们经常说的"亲密无间"。

一般是亲人、很熟的朋友、情侣和夫妻才会出现这种情况。其范围是0.15~0.44 米，在此距离内，人们可以肌肤相触，耳鬓厮磨，以至能够感受到对方的体温、气味以及气息；也可以挽臂执手或者促膝谈心，通过一定程度上的身体接触来体现相互之间亲密友好的关系。

2. 个人距离

这是在人际交往过程中稍有分寸感的距离，这是在进行非正式的个人交谈时最经常保持的距离。其范围是 0.46~1.22 米，以能够互相握手及友好交谈为宜。在此距离内，人们相互之间直接的身体接触已不多。和人说话时，不可站得太近，一般保持在 50 厘米以外为宜。

3. 社交距离

一般工作场合人们多采用这种距离交谈，在小型招待会上，与没有过多交往的人打招呼可采用此距离。其范围是 1.2~2.1 米，人们在工作场所与社交聚会上通常都保持这种空间距离。这种社交距离的范围是 2.1~3.7 米，它被认为是一种更正式的交往关系。

4. 公众距离

这种距离是在公开演说时演说者和听众之间保持的距离。其范围一般在 3.6 米以上，这是一个基本上能够容纳所有人的"门户开放"空间。在此空间内，人们是可以相互之间不发生任何联系的，甚至人们完全可以对处于此空间内的其他人"视而不见"，不和他们交往。

学习任务二　激励能力训练

激励是指持续地激发人的动机和内在动力，使其心理过程始终保持在激奋的状态中，鼓励人朝着所期望的目标采取行动的心理过程。这也就是说，激励在本质上就是激发、鼓励和努力调动人的积极性的过程。从心理学的角度看，人的行为是由动机所支配的，动机是由需要引起的，人的需要是人们积极性的源泉和实质。激励的过程直接涉及员工的个人利益，直接影响到能否调动员工的积极性。一般来说，每一位员工总是由一种动机或需求来激发自己内在的动力，努力去实现某一目标。当达到某一目标后，他就会自觉或不自觉地衡量自己为达到这个目标所做的努力是否值得。因此，绝大多数人总是把自己努力的过程看作是为获得某种报酬的过程。有效的激励会点燃员工的激情，促使他们的工作动机更加强烈，让他们产生超越自我和他人的欲望，并将潜在的巨大的内驱力释放出来，为企业的远景目标奉献自己的热情。

学习目标

1. 了解激励的含义和过程；
2. 掌握常见的激励方法，并能较好地运用；
3. 能够利用激励理论制订激励措施。

任务导入

奖金该怎样发？

张华在一家公司做销售工作，兢兢业业的工作换来了不俗的业绩，公司决定奖励他12万元。

年终，总经理把张华单独叫到办公室，对他说："由于本年度你工作业绩突出，公司决定奖励你 10 万元！"

张华非常高兴，谢过总经理后拉门要走，总经理突然说道："回来，我问你件事。今年你有几天在家，陪了你儿子多少天？"张华回答说："今年我在家不超过一个月。"

总经理惊叹之余，拿出了 1 万元递到张华手中，对他说："这是奖给你儿子的，告诉他，他有一个伟大的爸爸。"

张华热泪盈眶，千恩万谢之后刚准备走，总经理又问道："今年你和父母见过几次面，尽到当儿子的孝心了吗？"张华难过地说："一次面也没见过，只是打了几个电话。"总经理感慨地说："我要和你一块儿去拜见伯父、伯母，感谢他们为公司培养了如此优秀的人才，并代表公司送给他们 1 万元。"

此时，张华再也控制不住自己的感情，哽咽着对总经理说："多谢公司对我的奖励，我今后一定会更加努力。"

思考：1. 为何要发奖金？

2. 发奖金的方式与调动积极性有怎样的关系？

一、知识预备

（一）激励的含义与过程

1.激励的含义

激励是指持续地激发人的动机和内在动力，使其心理过程始终保持在激奋的状态中，鼓励人朝着所期望的目标采取行动的心理过程。这也就是说，激励在本质上就是激发、鼓励和努力调动人的积极性的过程。作为管理手段的激励，通常是指管理者运用各种管理手段，利用人的需要的客观性和满足需要的规律性，激励刺激被管理者的需要，激发其动机，调动人的积极性和创造性，促使满足需要的行为朝着实现组织目标的方向运动。

2.激励的过程

1968 年美国行为科学家爱德华·劳勒和莱曼·波特以期望理论为基础导出的激励模式，较好地说明了整个激励过程。见图 4–11。

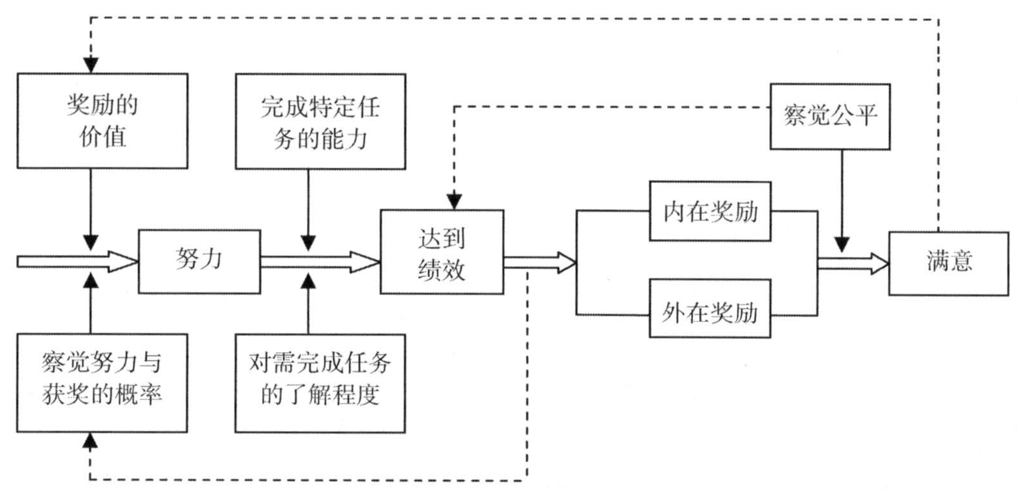

图 4–11　激励过程模式

在这个模式中，波特和劳勒把激励过程看成外部刺激、个体内部条件、行为表现、行为结果相互作用的统一过程。一般人认为，有满足才有绩效，而他们则强调，先有绩效才能获得满足，奖励是以绩效为前提的，人们对绩效与奖励的满足程度反过来又影响以后的激励价值。一个人在做出了成绩后，得到两类报酬：一是外在报酬，包括工资、地位、提升、安全感；另一种报酬是内在报酬，即一个人由于工作成绩而给予自己的报酬，如感到对社会做出了贡献，对自我存在意义及能力的肯定，等等。波特和劳勒的激励模式还进一步分析了个人对工作的满足与活动结果的相互关系。他们指出，对工作的满足依赖于所获得的激励同期望结果的一致性。如果激励等于或大于期望所获得的结果，那么个体便会感到满足，如果激励与劳动结果之间的联系减弱，那么人们就会丧失信心。

（二）激励的方法

1. 绩效薪金制

这是一种最基本的激励方法，要点就是将员工的绩效与报酬相结合，完全根据个人绩效、部门绩效和组织绩效来决定工资、奖金的发放和利润的分成。

2. 感情激励

感情是人们对外界刺激所产生的喜、怒、哀、乐等心理反应，包括情绪和情感两种类型。感情需要是人类最基本的需要，也是影响人们行为最直接的因素之一。人与人之间的感情联系蕴藏着无限的潜能，可以超越物质利益、精神理想和外部压力的影响，产生“士为知己者死”的激励力量。

3. 目标激励

目标激励是指设置适当的目标来激发人的动机和行为，以达到调动人的积极性的目的。目标激励要求必须有明确的组织目标，并对其进行纵向和横向的分解，形成各层次、各部门乃至每一位员工的具体工作目标，各层次、各部门及每一位员工都以目标为标准，在实施目标的过程中，实行自我激励和自我控制。

4. 肯定与赞美

威廉·詹姆斯曾说过：“在人类所有的情绪中，最强烈的莫过于渴望被人重视。”哈佛大学康特教授进一步指出：“薪资报酬只是一种权利，只有肯定才是一个礼物。”松下幸之助相信，许多员工都非常注意如何在工作中进步，并希望得到老板的承认。因此，员工最想从工作中得到的是希望和尊重自己的人一起工作，当工作表现好时能受到表扬，以及对所发生的情况感受到一种了解的满足。

5. 形象激励

这里所说的形象包括组织中领导者、模范人物的个人形象与优秀团队的集体形象等。无论哪一种形象，都能激发员工的荣誉感、成就感和自豪感，达到激励人的作用。为此，企业的领导者应把自己的学识水平、品德修养、工作能力、个性风格贯穿于自己的日常工作之中，以自己良好的个人形象对被领导者的思想和行为进行激励。同时，对于在工作中表现突出，具有代表性的新人、优秀员工、劳动模范以及工作团队等，采用照片、资料张榜公布，开会表彰发放荣誉证书，在电视、互联网上宣传等精神奖励方式，深入宣传和展现其良好的形象，号召和引导员工模仿学习。

6. 参与管理

参与管理就是让下级员工在一定的层次和程度上分享上级的决策权，以激发员工的主人翁精神，形成员工对企业的归属感、认同感，进一步满足员工自尊和自我实现的需要。

7. 教育培训

在知识经济时代，知识更新速度不断加快，社会对企业和员工提出了更高的要求，企业和员工必须不断学习才能跟上时代的步伐。教育培训作为一种重要的学习方式，不仅能提高员工的知识水平，适应企业的发展需要，更能使员工以最大的热情奉献企业，实现员工个人的全面发展。

（三）激励的理论

1. 需要层次论

亚伯拉罕·马斯洛在 1943 年发表的《人类动机的理论》一书中提出了需要层次论。

(1) 需要的层次

马斯洛把人的需要由较低层次到较高层次分成生理需要、安全需要、社会需要、尊重需要和自我实现需要五类（如图 4–12 所示）。

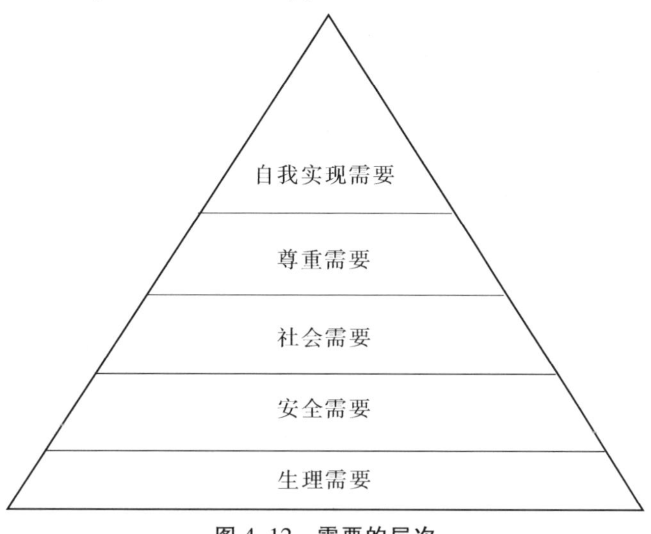

图 4–12　需要的层次

①生理需要

这是人类维持自身生存的最基本要求，包括衣、食、住、行、婚姻、健康等方面的要求。如果这些需要得不到满足，人类的生存就成了问题。在这个意义上说，生理需要是推动人们行动的最强大的动力。马斯洛认为，只有这些最基本的需要满足到维持生存所必需的程度后，其他的需要才能成为新的激励因素，而到了此时，这些已相对满足的需要也就不再成为激励因素了。

②安全需要

这是人类寻求依赖和保护，避免危险与灾难，维持自我生存的需要。安全需要包括人身健康与安全、劳动保护、职业安全、生活稳定、社会秩序与治安、退休金与生活保障等。

③社会需要

这一层次的需要包括两个方面的内容。一是友爱的需要，即人人都需要伙伴之间、同事之间的关系融洽或保持友谊和忠诚；人人都希望得到爱情，希望爱别人，也渴望接受别人的爱。二是归属的需要，即人人都有一种归属于一个群体的情感，希望成为群体中的一员，并相互关心和照顾。感情上的需要比生理上的需要来得细致，它和一个人的生理特性、经历、教育、宗教信仰都有关系。

④尊重需要

人人都希望自己有稳定的社会地位，要求个人的能力和成就得到社会的承认。尊重的需要又可分为内部尊重和外部尊重。内部尊重是指一个人希望在各种不同情境中有实力、能胜任、充满信心、能独立自主。总之，内部尊重就是人的自尊。外部尊重是指一个人希望有地位、有威信，受到别人的尊重、信赖和高度评价。

⑤自我实现需要

这是最高层次的需要，它是指实现个人理想、抱负，发挥个人的能力到最大程度，完成与自己的能力相称的一切事情的需要。也就是说，人必须干称职的工作，这样才会使他们感到最大的快乐。

(2) 需要层次论的应用

①满足人的需要

人的需要既然是客观存在的，并且未满足的需要是影响人的行为的主要因素，管理者只要通过满足人们未满足的需要就能引导和控制人的行为。

②满足变化的需要

人的需要是在不断发展变化的，影响人行为的因素也在不断变化，因此管理方法和措施也要随之而变。

③满足不同人的需要

不同的人生长环境不同、家庭条件不同，所处的需要层次也会不同，对管理的要求也就不同。

2. 双因素理论

双因素理论，又叫激励保健理论，是美国的行为科学家费雷德里克·赫茨伯格在20世纪50年代提出的，赫茨伯格和他的助手们在美国匹兹堡地区对二百名工程师、会计师进行了调查访问。访问主要围绕两个问题：在工作中，哪些事项是让他们感到满意的，并估计这种积极情绪持续多长时间；又有哪些事项是让他们感到不满意的，并估计这种消极情绪持续多长时间。赫茨伯格以对这些问题的回答为材料，着手去研究哪些事情使人们在工作中感到快乐和满足，哪些事情造成不愉快和不满足。结果他发现，使职工感到满意的都是属于工作本身或工作内容方面的；使职工感到不满的，都是属于工作环境或工作关系方面的。他把前者叫作激励因素，后者叫作保健因素。见图4–13。

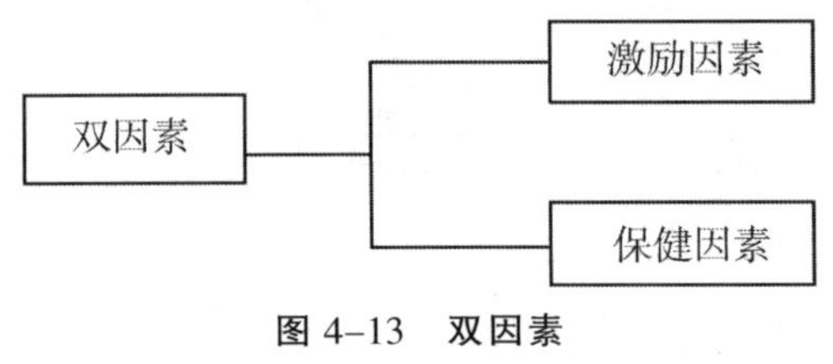

图4–13 双因素

所谓激励因素，是那些能给员工带来积极态度、满意和激励作用的因素。包括：成就、赏识、挑战性的工作、增加的工作责任，以及成长和发展的机会。

所谓保健因素，是给员工工作中造成不满意的因素。包括公司政策、管理措施、监督、人际关系、工作条件、工资、福利等。

双因素理论的贡献在于：

(1) 它告诉我们一个事实，采取了某种激励机制的措施以后并不能一定就带来满意。

(2) 满足各种需要所引起的激励深度和效果是不一样的。

(3) 要调动人的积极性，不仅要注意物质利益和工作条件等外部因素，更重要的是用一些内在因素来调动人的积极性。

3. 期望理论

期望理论，又称作“效价—手段—期望理论”，是由美国著名心理学家和行为科学家维克托·弗鲁姆于 1964 年在《工作与激励》中提出来的激励理论。该理论认为，人们只有在能预期他们的行动会给个人带来既定的成果且该成果对个人具有吸引力时，才会被激励起来努力去完成这些事情。人们从事某项工作并实现组织目标，是因为他们相信这些工作和组织目标会满足个人某些方面的需要。

人们在工作中受到激励的程度，取决于努力后取得成果的效价与他对实现目标期望值的乘积。

$$M=\sum V\times E$$

M 表示激发力量，是指调动一个人的积极性，激发人内部潜力的强度；

V 表示目标价值（效价），是指达到目标对于满足个人需要的价值；

E 表示期望值，是人们根据过去经验判断自己达到某种目标的可能性。

4. 公平理论

公平理论又称社会比较理论，是美国心理学家约翰·亚当斯于 1965 年提出的。公平理论的基本观点是：当一个人做出了成绩并取得了报酬以后，他不仅关心自己的所得报酬的绝对量，而且关心自己所得报酬的相对量。因此，他要进行种种比较来确定自己所获报酬是否合理，比较的结果将直接影响今后工作的积极性。

（1）横向比较

横向比较是将自己获得的“报偿”（包括金钱、工作安排以及获得的赏识等）与自己的“投入”（包括教育程度、所做努力、用于工作的时间、精力和其他无形损耗等）的比值与组织内其他人做比较，只有相等时，他才认为公平，如下式所示：

$$\frac{OP}{IP}=\frac{OC}{IC}$$

OP 表示自己对所获报酬的感觉；

OC 表示自己对他人所获报酬的感觉；

IP 表示自己对个人所投入的感觉；

IC 表示自己对他人所投入的感觉。

如果：

$$\frac{OP}{IP}<\frac{OC}{IC}$$

他可能要求增加自己的收入或减小自己今后的努力程度，以使两边趋于相等；第二种办法是他可能要求组织减少比较对象的收入或者让其今后增大努力程度以便使右方减小，趋于相等。

如果：

$$\frac{OP}{IP}>\frac{OC}{IC}$$

他可能要求减少自己的报酬或主动多做些工作，以消除心理的不安。但久而久之，他会重新估计自己的报酬和投入情况，当他觉得确实应当得到那么高的报酬时，于是便又会回到过去的水平了。

(2) 纵向比较

人们除了横向比较之外，也经常做纵向比较，即把自己投入的努力与所获得报偿的比值，同自己过去投入的努力与过去所获报偿的比值进行比较：

$$\frac{OP}{IP}=\frac{OH}{IH}$$

OP 表示自己对所获报酬的感觉；

IP 表示自己对个人所做投入的感觉；

OH 表示自己对过去所获报酬的感觉；

IH 表示自己对个人过去投入的感觉。

如果：

$$\frac{OP}{IP}<\frac{OH}{IH}$$

人会有不公平的感觉，这可能导致工作积极性下降。

如果：

$$\frac{OP}{IP}>\frac{OH}{IH}$$

人不会因此产生不公平的感觉，但也不会觉得自己多拿了报偿，从而主动多做些工作，只会觉得这是理所当然的。

5. 强化理论

强化理论是美国的心理学家和行为科学家斯金纳、赫西、布兰查德等人提出的一种理论，也称为行为修正理论或行为矫正理论。所谓强化，从其最基本的形式来讲，指的是对一种行为的肯定或否定的后果（报酬或惩罚），它至少在一定程度上会决定这种行为在今后是否会重复发生。

(1) 正强化

正强化又称积极强化。当人们采取某种行为时，能从他人那里得到某种令其感到愉快的结果，这种结果反过来又成为推进人们趋向或重复此种行为的力量。例如，企业用某种具有吸引力的结果（如奖金、休假、晋级、认可、表扬等），以表示对职工努力进行安全生产的行为的肯定，从而增强职工进一步遵守安全规程进行安全生产的行为。

(2) 负强化

负强化又称消极强化。它是指通过某种不符合要求的行为所引起的不愉快的后果，对该行为予以否定。若职工能按所要求的方式行动，就可减少或消除令人不愉快的处境，从而也增大了职工符合要求的行为重复出现的可能性。例如，企业安全管理人员告知工人不遵守安全规程，就要受到批评，甚至得不到安全奖励，于是工人为了避免此种不期望的结果，而认真按操作规程进行安全作业。

二、技能训练

（一）活动训练

猜猜他是谁?

活动目的：

1. 培养学生的团队精神；
2. 激发学生的思维能力；
3. 培养学生的信息把握能力和判断力；
4. 增进同学间的相互认知。

活动程序：

1. 将学生每 5 人分成一组，每两组对抗；
2. 每组在班上确定一个同学，让对方猜出名字；
3. 两组轮流猜，一方提问，另一方用“是”或“不是”回答，先猜出的获胜；
4. 讨论分享。

（二）案例分析

陈华的困惑

陈华已经在一家 IT 公司工作了 5 年。在这期间，他从普通编程员升到资深的编程分析员。他对自己所服务的这家公司相当满意，不管是工作职位还是收入，都让陈华感到有成就感，而且他还为工作中的创造性要求所激励。

一个周末的下午，陈华和他的朋友及同事王迪一起打高尔夫球。他了解到所在的部门雇了一位刚从大学毕业的编程人员，尽管陈华是个好脾气的人，但当他听说这位新来者的起薪仅比他现在的工资少 30 元时，不禁发火了。

周一早上，陈华找到了人事部主任李江林，问他自己所说的事是不是真的，李江林带有歉意地说，确有这么回事，但他试图解释公司的处境：“陈华，编程分析员的市场相当紧俏，为使公司能吸引合格的人员，我们不得不提供较高的起薪。我们非常需要增加一名编程分析员，因此我们只能这么做。”

陈华问能否相应调高他的工资。李江林回答：“你的工资需按照正常的绩效评估时间评定后再调。你干得不错！我相信老板到时会给你提薪的。”陈华向李江林道了声“打扰了”便离开了他的办公室，边走边不停地摇头，对自己在公司的前途感到很疑惑。

思考：1. 本例描述的事件对陈华的工作动力会产生什么样的影响？
2. 哪一种激励理论可以更好地解释陈华的困惑？简述其理论内容。
3. 你觉得李江林的解释会让陈华感到满意吗？请说明理由。
4. 你认为公司应当对陈华采取什么措施？为什么？

三、同步练习

1. 什么是激励？
2. 激励有哪些类型？
3. 激励理论的具体内涵。

四、知识链接

情商

情绪商数（Emotional Intelligence Quotient，简写成EQ），通常简称为情商，它代表的是一个人的情绪智力（Emotional Intelligence）之能力。简单地说，EQ是一个人自我情绪管理以及管理他人情绪的能力指数。

第一个使用“EQ”这个名词的人是以色列心理学家巴昂，他在1988年编制了一份专门测验EQ的问卷，根据他的定义，EQ包括了那些能影响我们去适应环境的情绪及社交能力。其中有五大项：（1）自我EQ；（2）人际EQ；（3）适应力；（4）压力管理能力；（5）一般情绪状态（乐观度，快乐感）。真正让“EQ”一词走出心理学的学术圈，而成为人人朗朗上口的日常生活用语的是哈佛大学的丹尼尔·戈尔曼教授。

丹尼尔·戈尔曼，哈佛大学心理学博士，现为美国科学促进会研究员，曾四度获得美国心理协会最高荣誉奖项，并荣获美国心理协会终身成就奖。丹尼尔·戈尔曼在1995年出版的《EQ》（*Emotional Intelligence*）一书，登上了世界各国的畅销书排行榜，在全球掀起了一股强劲的EQ热潮。他认为，人们首先要认识EQ的重要性，改变过去只重视智商IQ、认为高IQ就等于高成就的传统观念。他通过科学论证得出结论：“EQ是人类最重要的生存能力。”人生的成就最多20%可归属于IQ，另外80%则要受其他因素（尤其是EQ）的影响。职场流传一句话：“智商（IQ）决定录用，情商（EQ）决定提升。”因此，必须从重视IQ转到重视EQ上来，并大力提升年轻一代的EQ。

美国心理学家认为，情商包括以下几个方面的内容：

1. 认识自身的情绪

认识情绪的本质是EQ的基石，这种随时随地认知自身感觉的能力对于了解自己非常重要。不了解自身真实感受的人必然沦为感觉的奴隶，只有掌握感觉能力才能成为自己生活的主宰。

2. 妥善管理自己的情绪

妥善管理自己的情绪即能调控自己。情绪管理必须建立在自我认知的基础上。这方面能力包括：自我安慰，摆脱焦虑、灰暗或不安。这方面能力较差的人常受低落、不良情绪的困扰，而能控制自身情绪的人则能很快走出命运的低谷，重新出发。

3.自我激励

人生的成长，需要师长的帮助、大众的扶持、领导的提携、朋友的勉励。但最重要的，还是要靠自己，即充分利用各种手段激发自己的能动性、创造性的能力。充分认识自我、激发自我潜力是成功的内在动力，自我激励能力强的人善于渡过困境，也能在顺境中把握自我。

4. 认知他人的情绪

能否设身处地理解他人的情绪，这是了解他人需求和关怀他人的先决条件，戈尔曼用“同理心”来概括这种心理能力。同理心是同情、关怀与利他主义的基础，具有同理心的人常能从细微处体察出他人的需求。

5. 人际关系的管理

人际关系的管理即领导和管理能力。一个人的人缘、领导能力、人际和谐程度都与这项能力有关，充分掌握人际关系管理能力的人常是社会上的佼佼者。

自知、自控、充满热情、擅长社交，这些非智力因素是不能被传统的智商所包容的，而且也不能从传统的文凭、学历方面得到证明。传统的人才评价标准不能有效地衡量意志、品质、心理素质、人格魅力、沟通能力等诸多因素，而这些因素往往对一个人的前途起着决定性的作用。

附：

情商测试

据说这是一组欧洲流行的情商测试题，可口可乐公司、麦当劳公司、诺基亚公司等世界 500 强的众多企业，曾以此为员工 EQ 测试的模板。帮助员工了解自己的 EQ 状况。共 33 题，测试时间 25 分钟，最大 EQ 为 174 分。

第 1~9 题：请从下面的问题中，选择一个和自己最切合的答案。

1.我有能力克服各种困难：____________

A.是的　　B.不一定　　C.不是的

2.如果我能到一个新的环境，我要把生活安排得：____________

A.和从前相仿　　B.不一定　　C.和从前不一样

3.一生中，我觉得自己能达到我所预想的目标：____________

A.是的　　B.不一定　　C.不是的

4.不知为什么，有些人总是回避或冷淡我：____________

A.不是的　　B.不一定　　C.是的

5.在大街上，我常常避开我不愿打招呼的人：____________

A.从未如此　　B.偶然如此　　C.有时如此

6.当我集中精力工作时，假使有人在旁边高谈阔论：____________

A.我仍能用心工作　　B.介于 A、C 之间　　C.我不能专心且感到愤怒

7.我不论到什么地方，都能清晰地辨别方向：____________

A.是的　　B.不一定　　C.不是的

8.我热爱所学的专业和所从事的工作：____________

A.是的　　B.不一定　　C.不是的

9.气候的变化不会影响我的情绪：____________

A.是的　　B.介于 A、C 之间　　C.不是的

第 10~16 题：请如实选答下列问题，将答案填入右边横线处。

10.我从不因流言蜚语而气愤：____________

A.是的　　B.介于 A、C 之间　　C.不是的

11.我善于控制自己的面部表情：____________

A.是的　　B.不太确定　　C.不是的

12.在就寝时，我常常：____________
A.极易入睡　B.介于 A、C 之间　C.不易入睡

13.有人侵扰我时，我：____________
A.不露声色　B.介于 A、C 之间　C.大声抗议，以泄己愤

14.在和人争辩或工作出现失误后，我常常感到震颤、精疲力竭，而不能继续安心工作：____________
A.不是的　B.介于 A、C 之间　C.是的

15.我常常被一些无谓的小事困扰：____________
A.不是的　B.介于 A、C 之间　C.是的

16.我宁愿住在僻静的郊区，也不愿住在嘈杂的市区：____________
A.不是的　B.不太确定　C.是的

第 17~25 题：在下面问题中，每一题请选择一个和自己最切合的答案。

17.我被朋友、同事起过绰号、讥讽过：____________
A.从来没有　B.偶尔有过　C.这是常有的事

18.有一种食物使我吃后呕吐：____________
A.没有　B.记不清　C.有

19.除去看见的世界外，我的心中没有另外的世界：____________
A.没有　B.记不清　C.有

20.我会想到若干年后有什么使自己极为不安的事：____________
A.从来没有想过　B.偶尔想到过　C.经常想到

21.我常常觉得自己的家庭对自己不好，但是我又确切地知道他们的确对我好：____________
A.否　B.说不清楚　C.是

22.我每天一回家就马上把门关上：____________
A.否　B.不清楚　C.是

23.我坐在小房间里把门关上，但我仍觉得心里不安：____________
A.否　B.偶尔是　C.是

24.当一件事需要我做决定时，我常觉得很难：____________
A.否　B.偶尔是　C.是

25.我常常用抛硬币、翻纸、抽签之类的游戏来猜测凶吉：____________
A.否　B.偶尔是　C.是

第 26~29 题：下面各题，请按实际情况如实回答，仅须回答“是”或“否”即可，在你选择的答案前打“√”。

26.为了工作我早出晚归，早晨起床我常常感到疲劳不堪：________是________否

27.在某种心境下我会因为困惑陷入空想而将工作搁置下来：________是________否

28.我的神经脆弱，稍有刺激就会使我战栗：________是________否

29.睡梦中我常常被噩梦惊醒：________是________否

第 30~33 题：本组测试共 4 题，每题有 5 种答案，请选择与自己最切合的答案，在你选择的答案下打“√”。

答案标准如下：1：从不

2：几乎不

3：一半时间

4：大多数时间

5：总是

30.工作中我愿意挑战艰巨的任务。1 2 3 4 5

31.我常发现别人好的意愿。1 2 3 4 5

32.能听取不同的意见，包括对自己的批评。1 2 3 4 5

33.我时常勉励自己，对未来充满希望。1 2 3 4 5

参考答案及计分评估：

计分时请按照计分标准，先算出各部分得分，最后将几部分得分相加，得到的那一分值即为你的最终得分。

第 1~9 题，每回答一个 A 得 6 分，回答一个 B 得 3 分，回答一个 C 得 0 分。计______分。

第 10~16 题，每回答一个 A 得 5 分，回答一个 B 得 2 分，回答一个 C 得 0 分。计____分。

第 17~25 题，每回答一个 A 得 5 分，回答一个 B 得 2 分，回答一个 C 得 0 分。计____分。

第 26~29 题，每回答一个“是”得 0 分，回答一个“否”得 5 分。计______分。

第 30~33 题，从左至右分数分别为 1 分、2 分、3 分、4 分、5 分。计______分。

总计为______分。

测试后如果你的得分在 90 分以下，说明你的 EQ 较低，你常常不能控制自己，你极易被自己的情绪所影响。很多时候，你轻易被激怒、动火、发脾气，这是非常危险的信号——你的事业可能会毁于你的暴躁。对于此，最好的解决办法是能够给不好的东西一个好的解释，保持头脑冷静使自己心情开朗。正如富兰克林所说:“任何人生气都是有理的，但很少有令人信服的理由。”

如果你的得分在 90~129 分，说明你的 EQ 一般，对于一件事，你不同时候的表现可能不一，这与你的意识有关，你比前者更具有 EQ 意识，但这种意识不是常常都有，因此需要你多加注重、时时提醒。

如果你的得分在 130~149 分，说明你的 EQ 较高，你是一个快乐的人，不易恐惊担忧，对于工作你热情投入、敢于负责，你为人更是正义正直、同情关怀，这是你的长处，应该努力保持。

如果你的 EQ 在 150 分以上，那你就是个 EQ 高手，你的情绪智慧不是你事业的阻碍，而是你事业有成的一个重要前提条件。

学习任务三　领导方法能力训练

领导方法就是领导者从事领导活动所运用的方式和手段。作为实现领导目标的手段和方法，领导方法有其自身的规定性。在领导实践中，领导者对这些规定性的认识、把握和运用的能力和技巧会影响领导行为达到预期目标的程度。毛泽东曾经用过河要有桥或船的生动形象的比喻，深刻说明了领导方法的极端重要性。他指出："我们不但要提出任务，而且要解决完成任务的方法问题。我们的任务是过河，但是没有桥或没有船就不能过。不解决桥或船，过河就是句空话。不解决方法问题，任务也只是瞎说一顿。"无数实践证实，在领导工作中，领导者无不自觉或不自觉地运用这样那样的方法去解决问题，只不过有的领导方法好，有的不好，有的是科学的，有的是不科学的罢了。领导方法不同，其工作效果就不同。方法不对头，事与愿违；方法得当，事半功倍。从一定意义上讲，能不能实现正确有效的领导，取决于领导者是否有科学的领导方法，这对工作的好坏至关重要。

学习目标

1. 掌握领导的概念，区别领导者与管理者的角色；
2. 知道权力的来源，懂得授权；
3. 掌握领导行为理论，学会建立自己的领导风格。

任务导入

员工为何不满

某农业公司是以生产食用菌为主的一家民营企业，建厂初期，销售部王经理为确保产品的销售，与营销人员一起，分析市场、制定营销策略，同时关心员工的生活问题，受到员工的好评。产品投放市场时，由于营销工作做得细，加上消费者对食用菌的喜爱，市场销路很好，营销人员的工作积极性也很高。虽然那时的销售提成比例不高，但由于销量大，营销人员的收入还不错。王经理离职后，公司聘请了一位姓黄的经理，黄经理以前在合资企业做过销售主管，在销售管理方面有一套办法。公司希望黄经理能带来合资企业先进的销售经验和管理办法，进一步扩大产品的销售。这时，由于食用菌的市场较大、利润也较高，大量的外地产品涌入本地市场，市场竞争日益激烈。黄经理临危受命，针对过去销售中存在的问题，结合自己的经验制订了一系列的管理制度，重点是加强销售队伍的纪律管理，严格规定营销人员的上下班时间，工作时间不允许聊天，并对营销过程进行严密的监督和控制，有任何违反纪律的一律罚款。当然，为调动营销人员工作积极性，也制订了比原来更优厚的奖励制度。半年后，员工纷纷向总经理反映，认为现在的管理制度看似先进，实际上对营销人员的积极性有很大的影响，比如上班不允许聊天。他们认为，聊天是一种工作交流，可以了解他人在市场遇到的问题，集思广益寻找解决问题的办法。又比如，现在的销售提成比例虽然高了，但基数也提高了，按现在的市场竞争态势难以完成，现在的提成比例就像天上的月饼看得见吃不着。最恨的是，黄经理从来不把他们当人看，只会要求他们不停地工作，从来不关心他们生活上的问题，也不与他们谈心，谈的都是罚款，他们要求换工作或换领导。

思考：1. 领导该如何与下属相处？

2. 领导的方式有哪些？

一、知识预备

（一）领导的含义

1. 领导的概念

在日常生活中，领导既可作名词，也可作动词。作名词讲，领导指的是领导人或领导者；作动词讲，领导指的是领导活动。在这里，我们主要探讨的是作动词的领导。

所谓领导，是指管理者影响群体或组织成员，使其为实现组织或群体目标而做出的行为过程。这个概念包含三个方面的内容：

（1）领导是两个人或更多人之间的一种关系。领导的主体是组织的管理者，领导的客体是管理者的下属，有下属并对其施加影响力才可称为领导。

（2）领导的作用方式是带领与影响。

（3）领导要有目标。领导行为必须要指向组织或群体的目标，目的性是领导过程的突出特征。

2. 领导者与管理者

领导者不同于管理者。管理者是由组织任命的，拥有组织赋予的法定权力，其影响力来自于他们职位所产生的职权。而领导者可能是组织正式任命的，也可能是从一个群体中产生出来的，领导者能够影响他人去从事职权之外的行动。各级各类管理者都应该是领导者，因为他们都拥有相应的正式职权。而所有的领导者并非都是管理者，因为他们不一定从事与管理者相同的工作。见表 4–4。

表 4–4　管理者与领导者的区别

管理者	领导者
正确地做事情	做正确的事情
安于现状，忙于行政管理	挑战惯例，寻找新的途径
需要管理制度加以规范	使人心悦诚服
强调的是效率	强调的是结果
接受现状	强调未来的发展
注重系统	注重人
强调控制	培养信任
运用制度	强调价值观和理念
注重短期目标	强调长远发展方向
强调方法	强调方向
要求员工顺从标准	鼓励员工进行变革
运用职位权力	运用个人魅力
避免不确定性	勇于冒险

（续表）

管理者	领导者
等待机会的到来	令机会发生
仔细看管一切	创造成长
考虑如何把一件事做对做好	考虑一件事是不是对的
考虑一件事是否紧急	考虑一件事是否重要
考虑是否以最快的速度来实行	考虑做事的方向是不是对的
担心事情不能低于怎样的底线	在乎事情能达到怎样的上限
考虑用先进方法来完成任务	考虑做一件事情的目的是否有意义
讲究事情的实用性	讲究原则
通晓如何在一个现有的系统中实施各种操作	产生一种新系统、新秩序
更在意怎样加快晋升的速度	在展望未来时，考虑哪些是有前途的
是听话的士兵	是自己的主人
是模仿者	是原创者

（二）领导的权力与授权

1. 领导的权力

自古以来，领导和权力是密切相关的，权力是指改变他人或团体行为的能力。弗伦奇和瑞文提出了权力的 5 种类型：强制权、奖赏权、法定权、专家权、典范权。见表 4–5。

表 4–5 权力的类型

权力种类	来源		
	领导者方面	下属方面	简要解释
强制权	职位	恐惧	基于害怕的权力
奖赏权	职位	欲望	由于可分配有价值东西而具有的权力
法定权	职位	习惯观念	基于在正式的纵向组织中所处的地位而具有的权力
专家权	个人专长	尊敬	基于特长、专有技能和知识的权力
典范权	个人魅力	信任	基于个人所拥有的独特智谋或个人特质而具有的权力

2. 授权

（1）授权的含义

授权是指管理者根据工作的需要，将自己所拥有的部分权力和责任授予下属去行使，使下属在一定制约机制下放手工作的一种领导方法和艺术。授权的目的是让管理者摆脱一些日常事务，从而专注他该做的事，同时有助于培养下属的工作能力，有利于提高士气。

（2）授权的方法

一般来说授权有以下方法：

①制约授权。又称复合授权，指管理者将某项职权分解后，授给两个以上下属，使下属之间产生相互制约的作用。

②弹性授权。又称动态授权，是指在不同的阶段采用不同的授权形式。

③不充分授权。又称特定授权，是指对下属的工作范围、内容、目标等进行详细的规定，下属必须严格执行。

④充分授权。又称一般授权，允许下属自己进行决策，并进行创造性的工作。

⑤逐渐授权。这是一种从局部到整体逐步授权的方法。

(3) 授权的步骤

①确定目标。只有清楚地告知目标，才能使下属更快、更好地完成工作。

②区分任务。在授权前，管理者必须对工作进行分类，不同类别的工作对应不同的授权对象。

③制订计划。管理者应建立一个包括授权、监督、支持在内的机制，并制订相应的计划。

④选择方式。管理者要根据下属的个人能力、性格特点、工作性质采用不同的授权方式。

（三）领导行为理论

1. 勒温领导风格理论

库尔特·勒温以权力定位为基本变量，通过各种试验，把领导者在领导过程中表现出来的工作方式分为三种基本类型：专制型方式、民主型方式、放任型方式。见表 4–6。

表 4–6 三种领导方式

专制型方式	民主型方式	放任型方式
一切政策由领导人决定	政策全由群体讨论决定，领导人予以鼓励与支持	群体或个人有完全的决策自由，领导人很少过问
技术和活动步骤由管理当局每次指示一点，所以未来的步骤总在很大程度上捉摸不定	讨论阶段中就已预见到活动的前景；粗略拟订了实现群体目标的一般步骤；在需要技术性建议时，领导人提出两种或多种备选方案，供群体选用	领导提供各种资料，并明确表示，只要提出要求，就供给情报，领导极少参与讨论
通常由领导人指派每一成员的特定任务和工作伙伴	成员们可以自由结合任何人一起工作，任务的分工留待群体决定	领导人很少参与任务的确定和人员的搭配
领导人亲自表扬或批评每位成员的工作；他们除了示范外，不积极参与群体活动	在进行表扬和批评时，领导人是“客观的”或“重视事实的”；他们想在精神上做群体的一名正规成员，可是不做太多的具体工作	除非被问到，否则很少自动地讲评成员们的活动，也不打算评价或规定活动的过程

(1) 专制型方式

专制型领导方式是指以力服人，靠权力和强制命令让人服从的领导方式，它把权力定位于领导者个人手中。

(2) 民主型方式

民主型领导方式是指以理服人、以身作则的领导方式，它把权力定位于群体。

(3) 放任型方式

放任型领导方式是指工作事先无布置，事后无检查，权力定位于组织中的每一个成员，一切悉听尊便，毫无规章制度的领导方式。

2.领导行为四分图

这是美国俄亥俄州立大学的研究者在20世纪40年代提出的一种领导方式理论。他们经过调查列出了1 790种刻画领导行为的因素，通过逐步概括，最后归纳为“关心组织”和“关心人”两大类。见图4–14。

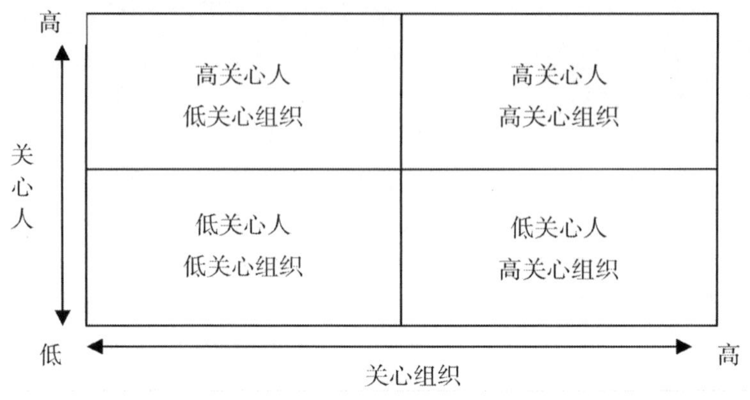

图4–14 领导行为四分图

（1）关心组织

关心组织主要包括组织机构的设置、明确职责和相互关系、确定工作目标、建立意见交流渠道和工作程序等。

（2）关心人

关心人主要包括建立相互信任的气氛，尊重下属的意见，注重下属的感情和问题等。

3. 管理方格理论

管理方格理论是由美国德克萨斯大学的行为科学家罗伯特·布莱克和简·莫顿在1964年出版的《管理方格》（1978年修订再版，改名为《新管理方格》）一书中提出的。管理方格图提出改变以往各种理论中“非此即彼”式（要么以生产为中心，要么以人为中心）的绝对化观点，指出在对生产关心和对人关心的两种领导方式之间，可以进行不同程度的互相结合。

为此，他们就企业中的领导方式问题提出了管理方格法，使用自己设计的一张纵轴和横轴各9等分的方格图，纵轴和横轴分别表示企业领导者对人和对生产的关心程度。第1格表示关心程度最小，第9格表示关心程度最大。全图总共81个小方格，分别表示“对生产的关心”和“对人的关心”这两个基本因素以不同比例结合的领导方式。见图4–15。

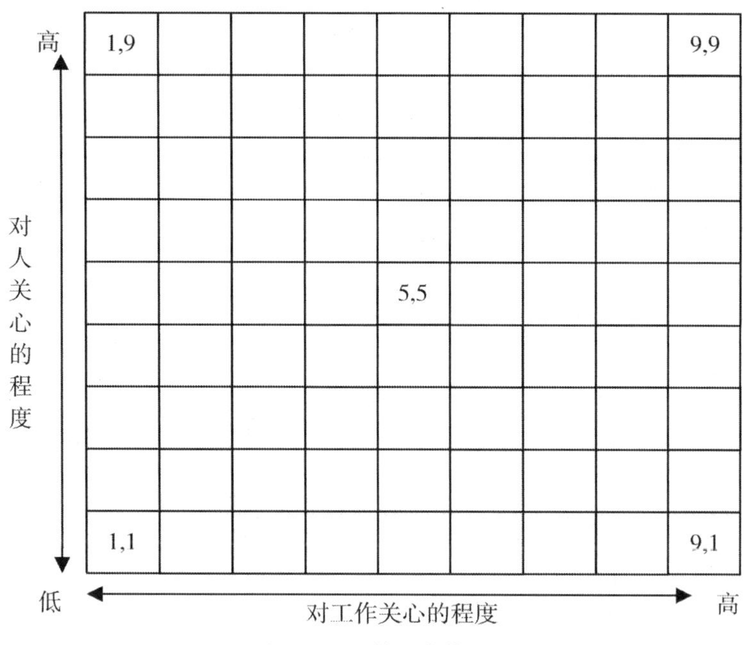

图 4-15 管理方格图

管理方格论强调的并不是产生的结果，而是领导者为了达到这些结果而应考虑的主要因素。换言之，尽管管理方格中有 81 种类型，但他们认为方格的四角和中心区域是五种关键的类型。

(1) 贫乏的领导者 (1，1)

对工作和对人的关心都很少，实际上，他们已经放弃自己的工作职责，只想保住自己的地位。

(2) 俱乐部式领导者 (1，9)

对工作关心很少，但对人关心特别多，他们努力营造一种人人得以放松，感受友谊与快乐的工作环境，但对共同努力以实现企业的生产目标并不热心。

(3) 小市民式领导者 (5，5)

既不偏重于关心生产，也不偏重于关心人，风格中庸，不设置过高的目标，能够得到一定的士气和适当的产量，但不是卓越的，表现出不求有功、但求无过的工作态度。

(4) 专制式领导者 (9，1)

对工作关心很多，对人却很少关心，作风专制，他们眼中没有鲜活的个人，只有需要完成生产任务的员工，他们唯一关注的只有业绩指标。

(5) 理想式领导者 (9，9)

对工作和对人都很关心，对工作和对人都很投入，在管理过程中把企业的生产需要同个人的需要紧密结合起来，既能带来生产力和利润的提高，又能使员工得到事业的成就与满足。

二、技能训练

（一）活动训练

知人善任接力赛

活动目的：

培养识人、用人能力。

活动程序：

1. 将学生分为五人一组，每组选出一名组长；

2. 比赛开始前，每组有 10 分钟的时间对要完成的任务进行分工，任务包括：汉字输入、体育运动、数学计算、猜成语（一人比画，一人猜）；

3. 比赛开始后，组员不得再进行任务形式的沟通，也不能为他人提供任何形式的帮助，用时最少的小组获胜；

4. 总结。

思考： 1. 赛前我们沟通的效果如何？

2. 组长是否做到了用人所长？

（二）案例分析

三个领导，三种风格

刚大学毕业的吴君通过学校推荐来到钢材集团总公司下属的第三分公司，给张总经理做秘书。张总经理可谓日理万机，因为公司的大小事情都必须要向他汇报，得到他的指示才能行事。尽管如此，吴君感到工作还是比较轻松，因为任何事情她只是需要交给总经理，再把总经理的答复转给相关负责人，就算完成任务了。可是好景不长，因为张总经理每日太过奔波劳碌，终于病倒了。

新上任了王总经理。王总经理开始对吴君每日无论大小事宜都要请示提出了批评，让她慢慢学会分清轻重缓急，有些事情可以直接转给其他副总经理处理。这样，王总经理每日有更多的时间去考虑公司的长远目标，确立组织发展方向，然后在高层领导者之间召开会议，进行研讨。自王总经理上任以来，公司出台了新的发展战略、市场定位及公司内部的规章制度。公司的业绩也在短期内有了很大的提高，同时，吴君也很忙碌，有时需要跑很多的部门去协调一件工作，这让她觉得学到了很多东西，也充实了不少。因为业绩突出，王总经理干了一年就被调到总公司去了。

之后又来了李总经理。相对于张总经理的事必躬亲以及王总经理的有张有弛，李总经理就要随意得多了。她到任之后，先是了解了一下公司的总体情况，感到非常满意，就对下面的经理说："公司目前的运营一切顺利。我看大家都做得比较到位，总经理嘛，关键时刻把把关就可以了，不是很重要的事情你们就看着办吧。"这样一来，吴君享受到了工作以来没有过的轻松，因为一周也没有几件事情要找总经理。

思考： 1. 你认为三个领导的风格有区别吗？

2. 你认为哪个领导的风格更可取？

三、同步练习

1. 什么是领导？领导者与管理者有何不同？
2. 领导的权力有哪些类型？
3. 什么是授权？为什么要授权？
4. 领导行为理论主要有哪些？内容是什么？

四、知识链接

情境领导理论

情境领导理论由保罗·赫西（Paul Hersey）和肯尼斯·布兰查德（Kenneth Blanchard）在1966年提出，又叫作生命周期模式。该领导模型在培养管理专家方面获得了广泛的推崇，这一理论体现了领导者如何调整其领导风格以适应下属的需求。这一模型被财富500强的400多家企业用于领导培训计划。

情境领导是一种关注下属的权变理论。成功的领导可以通过选择正确的领导风格而实现，这就是赫西和布兰查德认为的基于下属成熟度水平的权变。

情境领导理论对于企业管理的实际意义在于以下几点：

第一，它要求主管要同时扮演管理者与领导者这两种角色，而且主管首先是一个领导者，其次才是管理者。

第二，传统人力资源理论认为，一个员工要么胜任工作要么不胜任工作。然而情境领导模型扬弃了这种“非此即彼”的二元认识论的陈旧思维模式。情境领导理论将一个员工在工作中的表现分为四种可能性（即四种准备度）。

第三，针对员工的准备度的波动，主管作为领导者可以使用四种领导风格来影响被领导者。这就为各级主管如何有效辅导员工、如何有效激励员工、如何建设团队提供了操作性极强的解决方案。

第四，情境领导理论指出，领导力就是执行力。这就为困扰中国企业多年的执行力问题提供了根本性的解决之道。

（一）准备度

所谓准备度是指被领导者在接受并执行一项具体任务时，所表现出的能力与意愿的水平。换句话说，准备度是一个人在某项特定工作中的表现。

准备度是由能力和意愿两个部分组成的。能力是个人或组织在某一项特定的工作或活动中所表现出的知识、经验、技能与才干。意愿是指个人或组织完成某一项特定的工作或活动而表现出的信心、承诺和动机。见表4–7。

表4–7　工作准备度

高	中	中	低
R4	R3	R2	R1
有能力 有意愿并自信	有能力 没意愿或不安	没能力 有意愿或自信	没能力 没意愿或不安

处于 R1 阶段的员工，他需要你肯定其工作的热情和可转移的工作能力，需要你给他一个明确的目标，并给予“做好工作的标准”，需要了解该项工作任务的有关情况、个人的表现和绩效怎样收集和反馈，他的工作范围、权限和责任，并希望经常得到工作结果的反馈，希望你可以和他一起做行动计划，明确他工作的优先顺序和时间计划。

处于 R2 阶段的员工，他的需要是：明确的工作目标和清楚的远景，经常得到反馈，进步时得到赞扬，确信允许出错，有人解释为什么，有讨论员工顾虑的机会，有机会参与解决问题和制定政策、鼓励等。

处于 R3 阶段的员工，需要领导是平易近人的良师或教练，有机会表达其顾虑，得到发挥其解决问题能力的支持和鼓励，希望客观地评价其能力以建立其自信心，高水准的能力和表现能得到认可和肯定，清除实现目标的障碍。

处于 R4 阶段的员工，工作能力已不是问题，工作的意愿也很高，他们是企业的骨干，这时他们最需要变化与挑战、需要良师或同事型的领导（而不是一位老板式的领导者），自主权、信赖、贡献得到认可和感谢。

针对员工不同发展阶段的需求，领导者要灵活使用不同的领导形态。

（二）领导者的领导形态

领导形态指领导者在影响他人时，他人认定你所使用的领导行为类型。一般来说，有四种领导形态，见图 4–16。

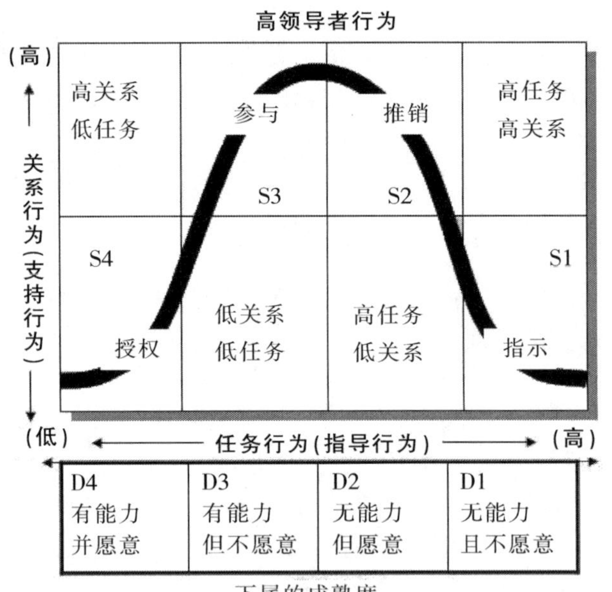

图 4–16 情境领导模式

指令型的领导形态（S1：高指导、低支持）。适合用处于 D1 阶段的员工，即直接、明确地告诉下属要做什么，何时做以及如何做，密切关注下属的行为表现，界定领导者与下属之间的角色，一般表现为帮助下属进行工作的计划和组织、教导工作方法并进行督导，由领导者进行决策。

教练型的领导形态（S2：高指导、高支持）。适合用于 D2 阶段的员工，此时领导者除了多给指导外，还要给予较高的支持行为，询问和倾听下属的困惑，多采取双向式的沟通进行交流，让下属参与决策的制定过程，鼓励并促成下属独立自主地解决问题、解释工作出现困难的原因，但最后仍由领导者进行决策。

支持型的领导形态（S3：高支持、低指导）。适合用于D3阶段的员工，处于D3水平的员工具备足够的能力，但缺乏信心和动机。他们不需要大量的有关工作的指导和指示，但需要领导者在心理和氛围营造上予以支持和鼓励。领导者对具体任务可以放手，但要强化沟通和激励，通过鼓励员工参与决策激发其工作意愿，建立信心。

授权型的领导形态（S4：低指导、低支持）。一般针对D4阶段的员工，他们对工作有足够的能力、意愿和信心，是团队的骨干力量。对于这样的员工，领导基本上可以放手，无为而治。领导者将权力下放，授权下属来决定整个工作的计划和组织，偶尔过问工作的进展情况和遇到的困难，由下属独立操作某项任务的整个过程。

每个员工处于哪种发展阶段是由不同的工作任务来界定的，是就某一项工作任务而言，如果工作任务换了，就要重新诊断员工的发展阶段。对领导者而言，不管采取何种领导形态，都要明确你所期望的结果并设定任务的目标，观察和监督任务的进展情况并给予反馈，同时要避免督导过度与督导不足的极端，与下属建立伙伴关系，并就实现个人与企业的目标所需要的领导形态与下属达成共识，约定双方认可的领导形态。如果你懂得并能够使用情境领导，你的员工将认为在你的部门中不会感到过分紧张，你很关心他们的成长与发展，你所领导的部门士气高涨，员工工作积极性大，从而有利于推动部门文化的建设。

学习情境五　控制能力训练

控制是促使组织的活动按照计划规定的要求而开展，是对组织活动各方面的实际情况进行检查与考核，发现差距，分析原因，采取措施，使工作能按计划进行。员工的执行力是组织实现控制的基础，是实现组织目标的保障。组织所遇到的冲突和危机事件，往往是控制不到位或处理不当造成的。因此，作为管理者要随时把控各项工作的运行，处理各种突发事件，确保组织目标能顺利实现。

学习任务一　执行能力训练

控制工作是从总经理到班组长在内的每一位管理人员的职能，实施控制的主要职责应由负责执行计划的每一位管理人员来完成。而有些管理人员，特别是低层次的管理人员常常忘记这一点。尽管各个层次的管理人员所控制的范围不同，但他们都负有执行计划的职责，因而控制是每个层次管理部门的一项主要管理职责。本章将首先讨论控制的性质、过程和结构，介绍制订控制标准、衡量实际绩效、比较控制标准和实际绩效、纠正偏差的基本原理，然后分别介绍质量、预算和成本控制等具体内容。

学习目标

1. 掌握控制的含义和类型；
2. 掌握控制的过程；
3. 学会建立控制标准；
4. 学会采用 PDCA 循环对工作进行有效的控制。

任务导入

Sin-Tec 企业

Sin-Tec 企业的总经理乔治·谭就其产品印刷电路板的销路，到欧洲同买主建立联系后返回了新加坡。同往常一样，他的邮件筐中堆满了信件，但是他却没有时间浏览这些信件并处理有关产品发送、抱怨和其他内部问题。

正当乔治埋头于这些信件时，工厂经理和财务经理来到了他的办公室。他们来这儿是由于乔治的盛怒：

“为什么没有任何人告诉我，我们公司究竟发生了什么？为什么我未能知道周围发生了什么？为什么我始终一无所知？我没有时间去浏览所有这些文件并了解问题。没有一个人告诉我我们的企业是如何运作的，而且我似乎从没听过我们的问题，直到它们变得相当严重。我要求你们制订一个系统，从而使我能持续得到信息。我对一无所知已经很厌倦了，特别是那些我要对公司负责就必须知道的事情。”

当这两位经理返回他们的部门时，工厂经理对财务经理说：“每一件乔治想知道的事都在他桌上的那堆报告之中。”

思考题： 1. 乔治说“一无所知”对吗？为什么？

2. 为了让乔治持续得到信息，需要怎么做？

3. 对于乔治来说，设计一个控制系统应该有哪些方面的考虑？

一、知识预备

（一）控制

控制是监视组织各方面的活动，保证组织实际运行状况与组织计划要求保持动态适应的一项管理工作。作为一项重要的管理职能，控制就是由管理人员对组织实际运行是否符合预定的目标进行测定，并采取措施确保组织目标实现的过程。从传统意义上理解，控制工作指的是“纠偏”，即按照计划标准衡量计划的完成情况，针对出现的偏差采取纠正措施，以确保计划得以顺利实现。控制既可以说是一个管理过程的终结，又是一个新的管理工作的开始，而且计划与控制工作的内容往往相互交织地联系在一起。管理工作本质上就是由计划、组织、领导、控制等职能有机地联系而构成一个不断循环的过程。

控制工作与计划工作密切相关。计划和控制是同一事物的两个方面。一方面，有目标和计划而没有控制，人们可能知道自己干了什么，但无法知道自己干得怎样、存在哪些问题、哪些方面需要改进。另一方面，有控制而没有目标和计划，人们将不会知道要控制什么，也不会知道怎么控制。事实上计划越是明确、全面和完整，控制的效果也就越好；控制工作越是科学、有效，计划也就越容易得到实施。控制把组织、人员配备、领导指挥职能与计划设定的目标联系在一起，在必要时，它能随时启动新的计划方案，使组织运行的目标更加符合自身的资源条件和适应组织环境的变化。

（二）管理控制的特点

1. 目的性

管理控制无论是着眼于纠正执行中偏差还是适应环境的变化，都是紧紧围绕组织目标进行的。同其他管理工作一样，控制工作也具有明确的目的性特征。换言之，管理控制并不是管理者主观任意的行为，它总是受到一定目标的指引，服务于组织特定目标的需要。控制工作的意义就体现在，它通过发挥“纠偏”和“调适”两个方面的功能，促使组织更有效地实现其根本的目标。

2. 动态性

管理工作中的控制不同于电冰箱的温度调控，后者是一种高度程序化的控制，具有稳定的特征。组织则不是静态的，其外部环境和内部条件随时都在发生着变化，从而决定了控制标准和方法不可能固定不变。管理控制应具有动态的特征，这样可以保证和提高控制工作的有效性与灵活性。

3. 整体性

管理控制的整体性包括两层含义：一是从控制的主体来看，完成计划和实现目标是组织全体成员的共同责任，管理控制应该成为组织全体成员的职责，而不单单是管理人员的职责。让全体成员参与到管理控制中来，这是现代组织中推行民主化管理思想的重要方面。二是从控制的对象上来看，管理控制覆盖组织活动的各个方面，人、财、物、时间、信息等资源，各层次、各部门、各单位的工作，以及企业生产经营的各个不同阶段等，都是管理控制的对象。不仅如此，管理控制中需要把整个组织的活动作为一个整体来看待，使各个方面的控制能协调一致，达到整体优化。

4. 人性

管理控制应该成为提高员工工作能力的工具。控制不仅仅是监督，更重要的是指导和帮助。管理控制本质上是由人来执行的，而且主要是对人的行为的一种控制。与物理、机械、生物及其他方面的控制不同，管理控制不可忽视其中人性方面的因素，管理者可以制定偏差纠正计划，但这种计划要靠员工去实施，只有当员工认识到纠正偏差的必要性并具备纠正能力时，偏差才会真正被纠正。通过控制工作，管理者可以帮助员工分析偏差产生的原因，端正员工的态度，指导他们采取纠正的措施。这样既能达到控制的目的，又能提高员工的工作能力和自我控制能力。

（三）管理控制的重要性

1. 在执行组织计划中的保障作用

在管理活动中所制订的计划是针对未来的，由于各方面原因，制订计划时不可能完全准确、全面，计划在执行中也会出现变化，因此，为了实现目标，实行控制是非常必要的。

2. 在管理职能中的关键作用

有效的管理有五个职能，它们构成一个相对封闭的循环。控制工作是管理职能循环中的最后一环，它与计划、组织、领导工作紧密结合在一起，使组织的整个管理过程有效运转、循环往复。

（四）控制的类型

根据前述对控制过程和控制体系的分析，可以将管理控制分为事前控制、同步控制和事后控制三种类型。

1. 事前控制

事前控制也称前馈控制，是根据过去的经验或科学分析，对各种偏差发生的可能性进行预测，并采取措施加以防范。事前控制的重点是预防组织过远地偏离预期的标准，防止不合期望的事情发生。例如，对市民进行交通规则和违章驾驶后果的教育，就是一种试图事前控制驾驶行为的努力。又如，预测公司未来现金流入与流出的现金预算也是一种事前控制。通过制订现金预算，管理人员可以知道是否发生资金短缺或是资金过剩的情况，如果预测在某个月份将发生资金短缺，则可事先安排好银行贷款，或是利用其他方式加以解决，以免到时捉襟见肘。

事前控制的必要性表现在以下两个方面：首先，管理控制过程中存在着“时间延迟”现象。例如，财务部门在 11 月才能向总经理报告 10 月的企业亏损情况，而这些亏损又可能是因为 7 月所做的事情造成的。所以，为了能及时地采取纠正措施，就必须预测可能发生的错误和问题。其次，如果等到事情已经完成才去控制，所造成的损失是无法弥补的。例如，如果企业等到产品制造出来之后才进行质量检验，虽然可以把不合格产品剔除出去，但废品和次品造成的资源损失已无法补救。所以，同样需要在工作开始之前就对可能发生的问题进行预防。事前控制能在还来得及采取纠正措施之前就向管理者发出警告信息，使他们知道如果不采取措施就会出问题。

2. 同步控制

同步控制也叫即时控制或现场控制，是指偏差在刚一发生或将要发生时，能立即测定出来，并能迅速查明原因和采取纠正措施。同步控制的出发点是，在偏差刚一发生时就进行调整，要比等到结果产生之后再进行纠正造成的损失要小，而且也容易纠正。例如，生产过程中用于控制工序质量的控制图就是同步控制的一个例子。在控制图中标出了质量的控制上限和控制下限。在生产过程中，定时随机抽取生产线上的产品进行测量，将测得的质量特性数据用点标在图上。如果点落在控制界限外，或点虽未越出控制界限，但排列有缺陷，则表明生产过程异常，应及时查明造成异常的原因，采取措施使生产过程恢复控制状态。

同步控制需要有实时信息。实时信息就是事件一发生就出现的信息，在企业的经营活动中，利用各种手段取得实时信息在技术上是有可能的。例如，许多航空公司已经能够做到只要把航班班次、起始站名和日期输入计算机系统，就能立刻反映出有关订座状况的信息，从而了解到飞机上是否还有座位。

有些学者认为，除了最简单的情况和例外之外，单有实时信息是不可能做到同步控制的。在许多管理领域内，搜集用来衡量绩效情况的实时信息是可能的，把这些信息和标准进行比较，找出存在的偏差甚至也是可能的。但是，偏差原因的分析、纠偏方案的制订以及方案的执行，都不是一蹴而就的。

3. 事后控制

很明显，事前控制和同步控制并不足以把组织的活动维持在期望的限度之内。因此，仍有必要进行事后控制。事后控制也叫反馈控制，是指偏差和错误发生之后，再去查明原因，并制订和采取纠正措施。产品质量检验、盘点、检查费用账目等都是事后控制的例子。在每种情况下，实际成就与标准之间的差距都要查清，并制订改进方案。事后控制虽然无法挽回过去的错误所造成的损失，但它可以防止同样的错误再次发生，可以消除偏差对下游活动的影响。例如，产品质量检验可以防止不合格品流入市场给消费者造成损失，可以找出薄弱环节，帮助管理人员改进工作。

事前控制、同步控制和事后控制对管理者来说都有价值。如果所有的控制都可以预先测知，当然最好，但事实上这是不可能的，也是没有必要的。管理者还需要依赖同步控制和事后控制。这三种类型的控制如果能够结合使用，控制的效果会更佳。对一些非常重要的活动，可以三种控制方式同时采取，将偏差发生的可能性降低至接近于零的水平。全面质量控制就是一种综合运用三种控制方式的管理方法。

(五) 控制的过程

从本质上来看，管理系统中的控制过程与物理系统、生物系统和社会系统中的控制过程是相同的。控制论创立人诺伯特·维纳指出，所有类型的系统都是通过信息反馈揭露目标实现过程中的错误，并采取纠正措施来控制自己的。反馈控制系统具有四个基本要素：(1) 输入目标信息；(2) 测量输出信息并反馈到输入端；(3) 将输出的结果信息与输入的目标信息相比较求出差值信息；(4) 利用差值信息对系统进行调节使之达到期望的输出。管理控制就是这样一种典型的反馈控制系统。

管理控制过程包括以下四个步骤。

1. 确定标准

要控制就要有标准。因此，控制过程的第一个步骤就是确定标准。目标和计划是控制的总的标准。为了对各项业务活动实施控制，还必须以目标和计划为依据设置更加具体的标准（如劳动定额、消耗定额、生产进度、质量标准等），作为控制的直接依据。这是因为，对许多业务工作的控制而言，目标和计划显得不够具体和详尽。此外，直接用目标和计划进行控制会导致权力高度集中，管理人员、特别是高层管理人员，不可能事事过问。标准是衡量绩效的尺度，是从计划方案中选出的对工作成果进行衡量的一些关键点。以这些关键点作控制的标准，可使管理人员在计划执行中无须亲历全过程就能了解工作的进展状况。

2. 衡量绩效

所谓绩效就是行为或行动实际的结果，衡量绩效就是搜集反映实际结果的信息，目的是为控制提供必要有用的信息。

绩效衡量应该定期进行。例如，每隔 10 分钟从生产线上抽取一批产品进行质量检验，每个月末盘点一次仓库存货等。衡量绩效的周期或频率视工作性质而定。有些工作如质量检验、生产进度、成本核算等，需要频繁地将实际工作情况和标准做比较，以质量检验为例，如果间隔很长时间才对产品质量进行抽查，则大部分产品可能要报废或返工；但是有些工作，如技术开发、职工培训、公共关系等，就不宜过于频繁地比较。任何一项工作或任务，其进行过程和取得明显的效果之间总是需要一定的时间，复杂工作需要的时间比简单工作要长些。对复杂工作来说，在工作成果变得明显之前就对它进行比较并得出结论，往往有欠公正，对复杂工作的过早比较，会使得到的信息失去可靠性和有效性。另外，对不同类别的人员，如有经验者和无经验者、工程技术人员和普通工人，比较的周期也应该有所不同。

3. 比较实际绩效与标准

这一步就是按照标准衡量工作实绩达到标准的程度。当工作实绩低于（或超过）标准时，就说明工作出现偏差。“防患于未然”，洞察力和远见卓识可以使管理人员预见到可能会出现的偏差，并采取适当措施加以避免。具有这种能力当然最好不过，问题是大多数管理人员可能并不具备这种超凡的能力。如果缺乏这种能力，则需要尽早找出偏差。

如果有明确的标准和准确衡量下属人员实际工作情况的方法，对工作绩效的评价是很容易做到客观公正的。但是，有许多工作不是很难制订出明确的标准，就是很难衡量，特别是需要某种程度的主观判断时，评价工作就不那么容易和单纯了。

一般来说，专业化程度高的工作比专业化程度低的工作、技术性强的工作比技术性低的工作容易确定标准，因而也容易评价。例如，对大量生产的产品，可以运用时间研究方法制定出精确的工时定额作为控制标准，根据这些标准来评价计划执行情况就十分容易了。如果产品不能大量制造，而是根据客户需要定做的，则工作绩效的衡量与评价就比较困难。又如，对财务经理和公关经理的工作绩效的控制，就要比对装配线上的工人的工作绩效的控制困难得多，因为很难为前者拟订明确的工作标准，这类人员的工作标准往往是含糊的，据此做出的评价也难免不是含糊的。这些技术性低的工作往往过分重视那些可以衡量的项目。例如，重视利润、成本、产量等容易衡量的指标，忽视商誉、公关等难衡量的项目。实际上，难以衡量的项目往往比容易衡量的项目更重要。

4. 纠正偏差或修改标准

采取必要措施纠正偏差是控制过程的关键步骤。它要求在衡量工作绩效的基础上，针对偏离标准的偏差进行及时有效的纠正，从而恢复到原定标准中去。任何控制行为都是针对问题及其产生的原因而采取解决对策的过程。控制措施的制订必须建立在对偏差原因进行正确分析的基础上。对问题原因的不正确解释，可能会导致控制行动的低效、无效甚至反效果。如果环境变化导致控制标准或计划失效，则需要考虑修正标准或改变计划，使组织的运行能够适应新的环境变化。

有效的控制系统应能揭示出哪些环节上出了差错，谁应当对此负责，并能确保采取纠正措施。对控制系统来说，发现偏差及寻找偏差的原因是必要的，但更重要的是进一步采取明确、有效的纠正措施。只有纠正偏差，才能证明控制系统是有效的。控制过程如图 5–1 所示。

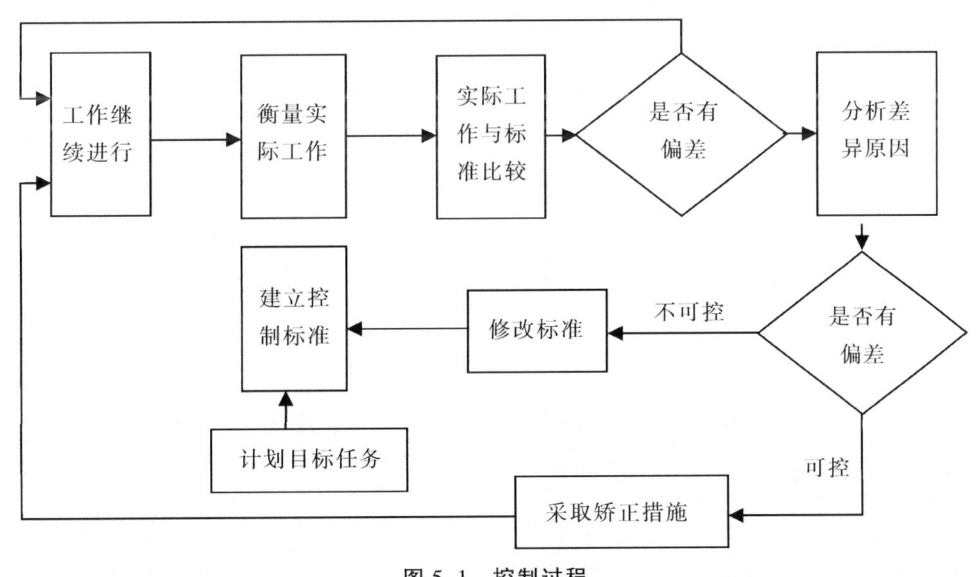

图 5–1　控制过程

控制过程的四个步骤是紧密联系的。没有第一步确定标准，就不会有衡量实际绩效的依据；没有第二步衡量绩效，就无法获得所需要的控制信息；没有第三步实际绩效与标准的比较，就不会知道是否存在偏差以及是否需要采取纠正措施；没有第四步纠偏措施的制订和落实，控制过程就会成为毫无意义的活动。

（六）PDCA 循环

PDCA 是英语单词 Plan (计划)、Do (执行)、Check (检查) 和 Action (处理) 的第一个字母组合，PDCA 循环就是按照这样的顺序进行质量管理，并且循环不止地进行下去的科学程序。P（plan）计划，包括方针和目标的确定以及活动计划的制订。D (do) 执行，具体运作，实现计划中的内容。C（check）检查，总结执行计划的结果，分清哪些对了，哪些错了，明确效果，找出问题。A (action) 处理，对检查的结果进行处理，对成功的经验加以肯定，并予以标准化；对于失败的教训也要总结，引起重视；对于没有解决的问题，应提交给下一个 PDCA 循环去解决，如图 5–2。

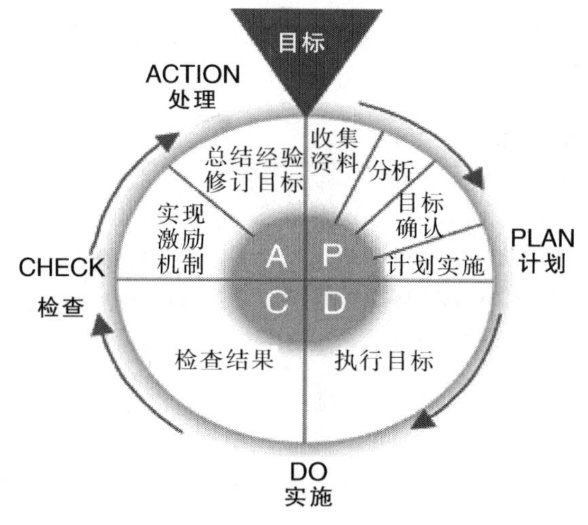

图 5–2　PDCA 循环

一是计划阶段。要通过市场调查、用户访问等，摸清用户对产品质量的要求，确定质量政策、质量目标和质量计划等。

二是执行阶段。实施上一阶段所规定的内容。根据质量标准进行产品设计、试制、试验及计划执行前的人员培训。

三是检查阶段。主要是在计划执行过程之中或执行之后，检查执行情况，看是否符合计划的预期结果。

四是处理阶段。主要是根据检查结果，采取相应的措施。巩固成绩，把成功的经验尽可能纳入标准，进行标准化，遗留问题则转入下一个 PDCA 循环去解决，即巩固措施和下一步的打算。

（七）执行力

执行力是目前在企业管理领域比较流行的一个概念。到底什么是执行力？目前还没有一个比较确切的定义。比较通俗地理解就是，执行并完成任务的能力；比较理论化的理解就是，执行并实现企业既定战略目标的能力。

每一个老板、每一名管理人员都会对下属有要求，无论这些要求是否明确、合理，这些要求与期望都会遭遇它们各自的结果；每一个企业都会有战略目标，无论是否明确、合理或者宏大，同样地，每一个目标都会有最终的结果。这些老板、管理人员与企业必须共同面对的现实是：结果往往与目标之间有很大的差距，或者说“没有完成任务”“没有达成目标”。问题在哪里呢？想法没有得到实施，方案没有得到执行，所以没有达成目标，这是一个很符合逻辑的推断，于是执行力的概念就应运而生。

由于这里主要探讨执行，所以这里我们假定探讨的前提是：目标方向是正确的，方案本身是完善的，也就是说战略规划是没有问题的。

其实“执行”就是“做”，我们可以从两个不同层次去理解执行力：一是个人执行力，另一个就是企业执行力。

个人执行力整体上表现为“执行并完成任务”的能力，对于企业中不同的人，要完成不同的任务需要不同的具体能力。个人执行力严格来说包含了战略分解力、标准设定力、时间规划力、岗位行动力、过程控制力与结果评估力，是一种合成力，对于企业中不同位置的个体所需要的技能需求并不完全一致（见表 5–1）。

表 5–1 企业员工执行力构成要素

要求 层次	战略 分解力	标准 设定力	时间 规划力	岗位 行动力	过程 控制力	结果 评估力
高层管理	√	√	√	√	√	√
中层管理		√	√	√	√	√
基层管理			√	√	√	√
普通员工				√	√	√

由表可以直观地看到越是高层所需要的技能越全面，因此企业高层的执行技能比一般中层的执行技能和普通员工的执行技能更重要，很多人想当然地认为企业执行力不强是下属没有按照上级的意志去落实，这其实是一种误区。直接把任务简单地抛给员工，当然不会得到有效的执行，如果管理人员把某个任务的完成标准、时间都明确了，在下属执行的过程中进行检查和协助，而下属还是完不成任务的话，只能说没有把任务交代给真正有能力去完成这件事的人或者说他应该找更合适的人来做了，所以执行的效果关键还是看我们的管理人员是不是有计划（时间规划、完成标准）、有组织（找合适的人干活）、有领导（协助、激励），还有控制。

二、技能训练

（一）活动训练

调查与访问企业管理系统

活动目的：

1.感知控制过程与方法；

2.了解管理信息系统；

3.树立全面质量管理观。

活动程序：

1. 各组选择校园临近的一家企业，学校图书馆、教务处、后勤处、学生管理中心、院办公室等，围绕资源信息系统运行，质量目标、控制与质量问题分析，考核方法等进行调查；

2. 利用课余时间实施调查，写出调查报告。

成果与检测：

1. 以小组为单位提交调查报告；

2. 课堂报告：各组陈述，交流体会；

3. 由教师根据调查报告及课堂报告表现综合评分。

思考：1.控制对企业的经营有何作用？

2.企业是如何建立控制体系的？

（二）案例分析

大宇公司改变企业文化

大宇公司创建于 1967 年，其创始人金宇中勤奋、严厉，具有强烈的进取心。大宇最初在出口纺织品方面取得了成功，公司业务不断扩展到贸易、汽车、机械、电子、建筑、重型造船、电脑、电信以及金融领域，成为韩国第四大企业集团。大宇公司是西尔斯、ChristianDior、CalvinKlein、LondonFog 等多家纺织品公司的供应商。大宇还和通用汽车公司成立合资企业生产 LeMans 牌汽车。然而，由于劳动力和其他一些问题，汽车产品发送受到了限制。

公司成功的重要因素是总裁金宇中努力工作的理念以及植入人们脑海深处的价值观。可是，到了 20 世纪 80 年代末和 90 年代初，公司开始面临几个问题。其中之一是金宇中担心随着韩国进一步的繁荣和发展，工人们可能丧失努力工作的精神。另外，青年工人的不满情绪越来越强烈，奋发向上的精神正在被淡忘。

由于金宇中对此疏于管理，放任自流，大宇集团中的某些公司便处于失控状态。例如，在并不赚钱的重型造船行业，他注意到有许多不必要的花费。后来，仅是撤除公司开办的理发店便为公司每年节约 800 万美元。

总体上讲，大宇公司的员工年纪轻，受教育程度高。大宇公司中的高级职位中并无裙带关系，这一点与许多其他韩国公司的相似职位比较而言，大有不同。

虽然大宇拥有 91 000 名员工，是一家大型公司，但它在任何一个产业中都不占有支配地位。大宇制订了努力成为 Caterpillar 通用汽车和波音等几家国外大公司供应商的战略，这也许会导致大宇失去以自己的品牌成为主要市场开拓者的机会。在 20 世纪 90 年代，金宇中也一直在欧洲寻找机会，比如，他同在法国的一家经销公司成立了合资企业。

这些重大的重组活动已经产生了一些积极效果。金宇中出售了一些钢铁、金融和房地产项目；以加强管理代替放任自流的管理风格，重新实行集权化管理；促使一些管理者或“退休”，或被解聘，此外，还撤销了几千个岗位。

所有这些变化对财务状况和公司文化都产生了积极的影响。然而，到了 20 世纪 90 年代初期，大宇还需要对付坚挺的韩国货币、上升的劳动力成本、与日本的竞争以及其业务涉及的不同国家的经济衰退等不利因素。

思考题：1. 本案例中，哪些是可控因素？哪些是不可控因素？
2. 你如何评价金宇中的反应对策？从本案例中你能得出什么结论？

三、同步练习

1. 有人认为计划与控制是一个系统，也有人把控制称之为系统。这两种看法说明了什么？

2. “计划工作是事前的，控制工作是事后的”，这种说法对不对？为什么？

3. 对控制信息的要求，及时与可靠是有矛盾的，要及时可能做不到可靠，要可靠可能就无法做到及时，在无法兼顾的情况下，应该优先考虑哪一项？

4. 分别举出事前控制、同步控制和事后控制的5个例子。

5. 在控制过程中，衡量什么比如何衡量更加关键，这是为什么？

四、知识链接

企业执行力

企业执行力整体上也是体现在企业执行并实现企业既定战略目标的能力。

企业行为是组织行为，要形成企业执行力必须理解组织行为的一些特点，组织的成员具备很强的执行力并不意味着整个组织具备强有力的执行力，也就是说企业执行力不等于企业成员个人执行力的累加，它可以小于或远远大于个人执行力的累加，之所以这样，是因为组织行为还包含了其他诸如信息传递、协调分工等特征。企业执行力主要由三个方面因素合成：流程、技能、意愿。流程是指企业运作流程，包括管理流程和业务流程；技能主要是企业成员的职业执行技能，就是上面提到的个人执行力的构成技能；意愿是指企业员工工作的主动性和热情。怎么理解呢？高效的企业运作流程就好像一条先进的生产线，执行技能强的员工就是生产线上熟练的技工，意愿就是员工的主动性和工作热情。光有先进的生产线没有熟练的技工没法发挥生产线的最大效能，再熟练的技工让他们手工操作也赶不上流水线大机器生产，同样的生产线，同样熟练程度的技工，如果一边是热情高涨，一边消极怠工，当然是士气高者胜。所以说流程、技能和意愿就构成了影响生产效能的关键因素，就是企业执行力的“铁三角”，各边边长越大，三角形面积越大，企业的执行力就越强；相反，如果我们把这个三角形的任意一边朝内移动，三角形的一边长变短，面积也变小，其他两边即使很长也产生不了效用，整体执行力也就下降。

有了对企业执行力构成的剖析，就能对症下药。既然企业执行力是以流程、技能与意愿为主要成分的合力，那么全面提升企业执行力相应地主要从三个方面着手：

首先要优化企业管理流程和业务流程。优化的前提是对现有流程的梳理整顿，做到标准化，因为标准化是高效组织行为的重要特征。企业的管理流程和业务流程是现代企业规范化管理的产物，流程的标准化和优化的基础工作是企业发展战略设置、组织结构设计、职能分解、岗位设置、岗位描述等，只有基础工作完善后设置的运作流程才是通畅的、高效的。有效的运作流程应该包括了岗位责任、权限配置、信息传递通道、业务流程、决策机制等，实际上是规范化的内部运作机制。同时，流程标准化为企业ERP系统的实施奠定了基础，IT管理系统的导入实际上是对流程的一次优化和重组。

其次是提升企业员工的整体执行技能。要提升企业员工的整体执行技能水平，一方面在招聘过程中要挑选具备较强执行技能的员工，另一方面在企业内部进行持续的职业化训练，主要是通过执行技能培训和对职业技能运用的考核来实现。职业化训练不仅包括执行技能训练，还包括很多其他职业技能的训练，比如沟通技能、领导艺术、决策技能等，重要的是在做培训和考核计划的时候一定要知道每个培训项目和考核指标的指向，执行技能培训的目标就是提升员工的执行力。

最后就是提升企业员工的工作意愿。从根本上说就是要提高员工对企业的满意度，调动他们的积极性。提高员工对企业的满意度要从满足员工的需求开始，人的需求是有层次的，是动态的，不同的人在不同的时间的核心需求是不同的，但是在企业里面员工的满意度可以从文化氛围、成长空间、收入水平、福利环境、法律环境等几个方面去测量，我们要做的工作实际上也是三点：具有竞争力的薪酬体系和激励机制、良好的职业发展通道、以人为本的企业文化氛围。

以上三点又可以放在一个更大的管理体系里面，那就是建立以人力资源为核心的规范化企业管理体系。对于有一定发展规模的企业来说，建立规范化企业管理体系就是一个提升企业运作效率的工程，就是提升企业执行力的过程，或者反过来说，做好了上面三个方面的工作，基本上就建立了以人力资源为核心的规范化企业管理体系。是不是建立了规范的企业管理体系企业的执行力问题就完全解决了呢？当然不是。企业是不断发展的，不同阶段、不同规模的企业所建立的管理体系也存在规模和复杂程度的不同，也就是说管理体系本身也是动态的、不断发展的，需要企业领导、决策人员、管理人员不断地审视自己的管理体系是否与企业发展规模相匹配，构成企业执行力的主要因素之间又是否相互匹配，不断地调整企业管理思路并建立相应的模式，这个过程实际上就是不断“提高企业运作效率”的过程，这是许许多多理论专家、实践专家很久以前就提出来的概念，只不过现在被管理专家重新包装成所谓的“打造或构建企业执行力”，让大家觉得耳目一新而已。目前企业的管理人员保持不断学习的心态，学习新的管理理念和经营技术是很有必要的，但没有必要追逐一些时尚的、流行的管理学概念而忘了管理者的基本功。

学习任务二　冲突管理能力训练

据美国管理学会进行的一项对中层和高层管理人员的调查，管理者平均要花费20%时间处理冲突；另据调查，大多数的成功企业家认为管理者的必备素质与技能中，冲突管理排在决策、领导、沟通技能之前。实际上，冲突只要管理得当，就可以给企业及其员工带来巨大的利益。关键在于开诚布公地应对冲突，通过协商实现双赢。由此可见，冲突管理已成为现代企业管理中的一项不可忽视的重要内容，管理者不仅要解决组织中的冲突，更要刺激功能性的冲突，以促进组织目标的达成。

学习目标

1. 正确理解冲突的概念与类型；
2. 能正确分析产生冲突的原因；
3. 掌握冲突处理的各种策略；
4. 学会处理学习和生活的各种冲突。

任务导入

利润如何分配

在国家大力发展现代农业的政策影响下，由5个自然人共同出资50万组建了一家以种植业为主的农业公司。其中一人作为总经理全权对公司进行经营管理，而其他四人不参加企业的经营，只参与企业的年终分红。公司开办的前两年，几乎没有利润，四位股东没有任何怨言，对总经理的工作也表示出信任和支持。第三年，公司纯利润达到了20万，这时他们对利润的使用安排出现了意见分歧。总经理等人认为，做企业要有长远的眼光，不说做到“百年老店”，也起码要考虑10年以上，然后再根据经济形势的变化决定企业的未来。因此，建议将利润的50%用于企业的发展，50%用于分红。而另外两个股东则认为，企业经营具有较大的不确定性，企业做大了，一旦出现突发情况，损失也是巨大的，所以建议每年只留10%作为企业的发展基金，其余的都按股份进行分配，这叫“落袋为安”。双方为利润的分配产生了激烈的争论。

思考：1. 如何看待经营者之间的冲突？

2. 冲突发生后，可以平息吗？

一、知识预备

（一）冲突的概念与类别

1. 概念

社会学对冲突的定义是“两个或两个以上的人或团体之间直接的或公开的斗争，彼此表示敌对的态度和行为。”

政治学则认为冲突是“人类为了达到不同的目标和满足各自相对利益而发生的某种形式的斗争”。

管理学对冲突的看法是“两个或两个以上的行为主体，由于在管理问题上的目标、看法、处理办法或意见的不一致，存在的分歧，所产生的相互矛盾、排斥、对抗的一种态势”。

斯蒂芬·罗宾斯把冲突定义为：“一种过程，这种过程起始于一方感觉到另一方对自己关心的事情产生消极影响或将要产生消极影响。”

刘易斯·科塞的观点是：“冲突就是为了价值和对一定地位、权力、资源的争夺以及对立双方为使对方受损或被消灭的斗争。”

我们可以将冲突定义为：人与人之间、个人与群体之间、群体与群体之间互不相容的目标、认识或感情，并引起对立或不一致的相互作用的任何一个状态。该定义强调了三个方面。

(1) 冲突是普遍的现象

冲突可能发生于人与人之间、人与群体之间、群体内部的人与人之间、群体与群体之间，等等。

(2) 冲突有三种起因

目标性冲突，即冲突双方具有不同的目标导向时发生冲突；

认识性冲突，即不同群体或个人在对待某些问题上由于认识、看法、观念之间的差异而引发的冲突；

感情性冲突，即人们之间存在情绪与情感上的差异所引发的冲突。

(3) 冲突是双方意见的对立或不一致

冲突起源于双方意见的对立或不一致，人们在共同生活和工作中，由于个性差异的客观存在和组织间不同的文化，不可避免地会产生意见的不一致，也就是说，冲突在人与人之间或群体间是客观存在的。

2. 冲突的特点

(1) 冲突的传染性

在一个组织里，如果对冲突不加管理，它便会像传染病一样蔓延，影响组织的整体氛围，使组织内人心涣散，从而无法实现组织目标。

(2) 冲突的突然性

组织与组织、组织与个人、个人与个人存在潜在的矛盾与冲突，这些矛盾与冲突将在什么时候、什么地点、什么事件上爆发出来，难以预测，它的爆发具有突然性。

(3) 冲突的侵略性

冲突的双方都想战胜对方、压倒对方，表现出很强的侵略性。

(4) 冲突的润滑性

如果平时工作中的矛盾不显露，往往会增加组织的内耗，造成无形的损失。如果冲突公开化，管理者知道冲突的原因所在，进行有效的沟通，使矛盾双方增加了润滑，可以让他们向组织目标方向运动。

(5) 冲突的宣泄性

冲突的双方往往心中有股气，平时无处发泄，冲突的发生就会产生一个宣泄的通道，使人们的情绪趋于稳定，有助于人的身心健康。

3. 对冲突的不同观点

对于组织中存在的冲突，人们的看法是不一致的，因而形成了三种不同的观点。

(1) 传统的冲突观点

这种观点认为所有的冲突都是有害的，会给组织造成不利影响。冲突成为组织机能失调、非理性、暴力和破坏的同义词。因此，传统观点强调管理者应该尽可能避免和清除冲突。

(2) 冲突的人际关系观点

这种观点认为冲突是任何组织无法避免的自然现象，不一定给组织带来不利的影响，而且有可能成为有利于组织工作的积极动力。既然冲突是不可避免的，管理者就应该接纳冲突，承认冲突在组织中存在的必然性和合理性。

（3）冲突的互动观点

这种观点与人际关系观点只是被动地接纳冲突不同，互动观点强调管理者要鼓励有益的冲突，认为融洽、和平、安宁、合作的组织容易对变革和革新的需要表现为静止、冷漠和迟钝，有益的冲突会使组织保持旺盛的生命力，善于自我批评和不断革新。

（二）冲突的类型

1. 从性质分

对管理冲突性质的认定，是我们确立对其态度和策略的前提。只有对管理冲突的性质判定准确、真正把握，才能端正态度，采取行之有效的相应措施和政策。

（1）积极冲突

对积极性质的管理冲突给以充分展开和有效利用，从而达到调适冲突、推动事业发展的目的。

（2）消极冲突

给消极性质的管理冲突以有效的抑制、消除和排解。

2. 从隶属关系分

（1）与上级的冲突

由于上级处于主导地位，是管理的主体，所以作为下级，在一般情况下，有意见可以提，有要求可以说。但只能通过用说理和动情的方式去实现目的，使冲突和分歧朝着有利于自己的方向发展。一旦不能达到目的，应该善于放弃，服从上级。

（2）与下级的冲突

与下级冲突，应该区分是工作性冲突还是非工作性冲突。工作性冲突，尤其是上级对下属实施的批评、教育、矫正以及其他规范，这是领导职能在管理上的体现。作为上级必须坚持原则，坚持到底，不可中途妥协，不可无原则退让，否则就可能养成不好惯例，为以后工作埋下祸患。非工作性冲突，则恰恰相反。作为上级应该有妥协、有退让和有风格，这样方显领导情操、水平和身份。

（3）与同级的冲突

同级管理者之间的冲突，由于其前提是同级，因而其表现形式往往比较隐蔽，其解决方式往往多是调和，其最终结果往往是各方退让。一些时候还需要领导参与解决，形成居高临下的裁判态势。

（三）冲突的过程

美国组织行为学家斯蒂芬·罗宾斯提出了五阶段冲突理论，把冲突的过程分为五个阶段：潜在的对立、认知和情感投入、行为意向、行为、结果。见图 5-3。

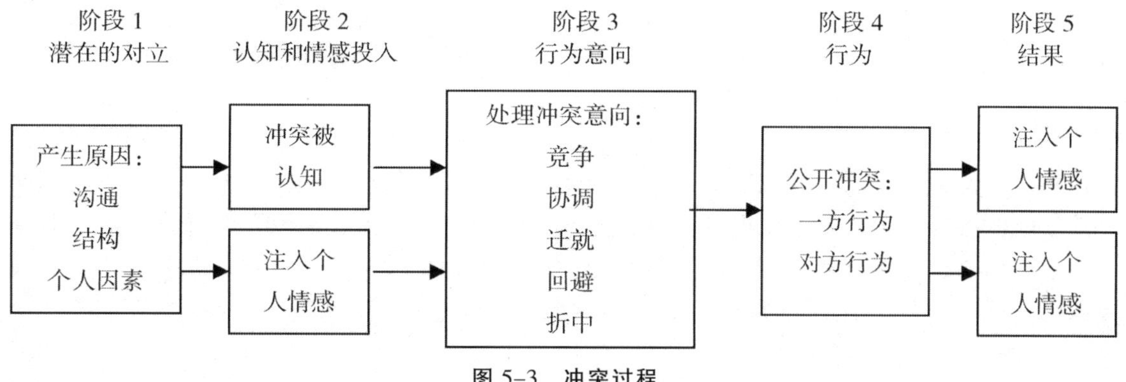

图 5-3 冲突过程

1. 潜在的对立

在这一阶段，存在可能产生冲突的条件。这些条件并不必定导致冲突，但它们是冲突产生的必要条件。

(1) 沟通。沟通失效的因素来自误解、语义理解上的困难以及沟通渠道中的“噪音”。研究指出，语义理解的困难、信息交流不充分以及沟通渠道中的“噪音”，这些因素都构成了沟通障碍，并成为冲突的潜在条件。研究进一步指出，沟通的过多或过少也会增加冲突的可能性。另外，人们在信息传递时进行的主观过滤，以及沟通渠道的偏差，都提供了冲突产生的潜在可能性。

(2) 结构。这里使用的“结构”概念，包括了这样一些变量：规模，分配给群体成员的任务的专门化程度，管辖范围的清晰度，员工与目标之间的匹配性，领导风格，奖酬体系，群体间相互依赖程度。研究表明，这些变量的存在都会成为激发冲突的力量。

(3) 个人因素。个人因素包括价值体系和个性特征，它们构成了一个人的风格，使得他不同于其他人。有证据表明，具有特定的个性特质的人，例如具有较高权威、武断和缺乏自尊的人容易导致冲突；而价值体系的差异，例如对自由、幸福、勤奋、工作、自尊、诚实、服从、和平等的看法是不同的，也是导致冲突的一个重要原因。

2. 认知和个性化

如果在第一阶段产生挫折，那么在第二阶段潜在的敌对就可能转变为现实，先前的条件（将在一方或多方受冲突影响和认识到冲突的情况下）就会导致冲突。冲突定义中提到人只是必要条件，冲突的一方或多方必须意识到上述条件的存在，而且只有进一步引起情感上的冲突，即当个体有了感情上的投入，双方都体验到焦虑和紧张、挫折或敌对时，潜在冲突才可能成为现实。

该阶段有两点需要注意：

第一点，在这阶段冲突问题变得明朗化，在这一过程中，双方将决定冲突是什么性质。冲突的界定非常重要，它勾勒出解决冲突的各种可能方法。

第二点，情绪对知觉的影响有着重要作用。比如，研究发现，消极情绪会导致过于简单地处理问题，降低了信任感，对对方的行为也会做出消极的解释。相反，积极情绪则增加了问题的各项因素中发现潜在联系的可能性，以更开阔的眼光看待情境，所采取的办法也具有创造性。

3. 行为意向

行为意向介于一个人的认知和外显行为之间，指采取某种特定行为的决策。行为意向之所以作为独立阶段划分出来，是因为行为意向导致行为。很多冲突之所以不断升级，主要原因在于一方对另一方进行了错误的归因。另外，行为意向与行为之间也存在着很多不同，因此一个人的行为并不能准确反映它的行为意向。

4. 行为

当一个人采取行动去阻止别人达到目标或损害他人的利益时，就处在冲突过程的第四阶段。这种行为必须是有企图的和为他们所知的。在这一阶段，冲突会公开化。这一阶段是一个动态的相互作用过程。公开的冲突包括行为的整个过程，从微妙、间接、节制发展到直接、粗暴、不可控的斗争。

5. 结果

冲突双方之间的行为——反应相互作用导致了最后的结果。如果冲突能提高决策的质量，激发革新与创造，调动群体成员的兴趣与好奇，提供公开问题、解除紧张的渠道，培养自我评估和变革的环境，那么这种冲突就具有建设性。如果冲突带来了沟通的迟滞，组织凝聚力的降低，组织成员之间的明争暗斗成为首位，而组织目标降到次位，那么这种冲突就是破坏性的，在极端的情况下，会威胁到组织的生存。

（四）冲突管理的策略

尽管冲突的处理会受到许多因素的制约，但只要掌握冲突管理的一般策略，在处理冲突时综合分析导致冲突的各种情况，就能在具体处理时运用恰当的策略。

1. 合作策略

对大多数人来说，通过竞争和谈判进行冲突管理是比较熟悉的方式，对采用合作解决问题的方式了解不多。随着管理理念的发展，以及团队建设日益完善，合作策略将会变成更普遍的冲突管理的方法。

合作策略的适用情境主要有：

（1）解决有关感情方面的冲突问题

当工作与家庭之间产生冲突，在冲突并没有扩大化时，为了兼顾双方的利益，可采用合作策略，寻找一种彻底有效的解决方法。

（2）把不同的观点有机结合起来

许多情况下，如果冲突涉及的问题很重要，冲突双方的目的很明确，且相互之间的不同观点通过协调可以结合起来，同时双方都充分认识到他们之间的分歧和矛盾妨碍了组织关系的正常发展，双方均有解决问题的意图时，成功的合作策略就可以把冲突双方不同的观点结合起来，达成一致的意见，共同取得成功。

（3）要通过达成一种共识而获得相互信任

在组织中，我们每个人都在扮演着不同的角色，与不同的人打交道，在与他人交往过程中，我们经常使用合作策略，可以得到同事的尊重和信任，从而获得职场的成功。

（4）当时间上允许彻底解决问题时

研究表明，合作解决问题的效率最高，面对冲突，只要时间上允许，最好的选择是彻底解决问题，消除隐患。

2. 克制策略

从合作、冲突和变化的观点，我们可以看出，冲突是一种正常状态，而不是一种非正常状态，冲突是对管理实行建设性改进的不可避免的挑战。因此，冲突的一方或双方应采取克制的策略。

克制策略适用的情境有：

（1）当放弃某些利益以便从另一方获取一定收益时

当合作策略不能合理地解决冲突时，这时最重要的是对现场情绪的稳定，采取克制策略克制自己的行为，求得稳定与平和，有利于今后对冲突的处理。

（2）问题对另一方更为重要时

在这种情境下，克制策略就是选择让对方的观点获胜，并明确表示同意对方的立场。如果所争论的问题对对方很重要，而对自己并不重要，或不反对可以获得其他方面的利益时，采用克制策略是最好的选择。

(3) 当和谐与稳定特别重要时

从冲突的影响看，为了避免冲突带来的严重后果，保持和谐与稳定的环境，需要其中一方做出某种程度的让步。

(4) 当管理者发现自己错时

有些冲突是管理者自己的原因造成的，当管理者意识到这一点后，应该采取克制策略，承担冲突造成损失的责任，从错误中学习，不断提高管理水平。

(5) 维持双方的关系非常重要时

冲突双方的关系对团队的合作、组织目标的实现非常重要时，采取克制策略有利于问题的解决，确保团队的和谐。

3. 强制策略

强制是拥有较大权力的人坚持或者强行贯彻自己想法的方式。强制策略可以通过命令、威胁、奖励、惩罚以及施加其他压力等办法，迫使别人服从。

如果你拥有或被认为拥有权威或权力，你可以明智地使用这种策略。然而过多使用这种方式会减弱它的力量。

强制策略适用的情境有：

(1) 对待采取不正当竞争行为的人时

由于市场信息的不对称和市场制度的不完善，竞争中的一部分冲突是由不正当竞争行为导致的，对待这种不正当竞争引起的冲突可以积极采取强制策略。

(2) 对重要问题必须采取特殊行为时

重大的冲突，如果不及时制止，可能会蔓延与扩大，影响全局。这时，必须运用权威的力量来及时地解决冲突。

(3) 必须采取快捷、果断态度处理紧急状况时

冲突的发生有一个循序渐进的过程，它体现在冲突的演变上。有些冲突是不需要马上解决的，但有些冲突必须马上采取快捷、果断的方式进行处理，将冲突的主要矛盾中的主要方面，运用强制策略将其排除。

(4) 违反企业制度，需要严肃处理时

对违反规定而造成的冲突，为防止危害的不断扩大，需要采用强制策略及时处理。

4. 回避策略

如果冲突双方可以通过他们的自我调解来解决冲突，就可以采取回避策略或用暗示的方法，鼓励冲突双方自己解决冲突。

回避策略适用的情境有：

(1) 当冲突只是附带问题时

管理者不可能解决好每一个冲突，有些冲突不值得花费时间和精力去解决，有些冲突则在你的影响力之外而难以处理。所以，管理者应在自己管辖范围内，有重点地解决问题，集中力量处理那些建设性的冲突。

(2) 当冲突双方个性很强时

冲突发生后，若双方都有很强的个性，且都不认输，让他们仍然在一起，是不利于工作的。这时管理者就可以应用此策略，使双方彼此回避，将双方调离，减少接触机会，这样冲突便会逐步缓解以至消失。

(3) 欲使冲突双方冷静下来时

在某些冲突中，可采取转移视线的方法，回避并消除冲突。

(4) 收集信息比制订决策更重要时

回避策略是一种拖延时间的临时策略，当需要收集冲突双方的信息时，可以采取回避策略，让环境自行解决问题。

(5) 有更重要的问题需要立刻解决时

作为管理者，必须分清事情的轻、重、缓、急，集中力量处理“重要且紧急”的事情。

(6) 当其他人可以更有效地处理冲突时

在双方无法有效处理冲突问题时，可以考虑让第三方介入冲突过程，通过他来解决冲突。

5. 妥协策略

妥协分为一方妥协和双方妥协两种情况。

(1) 一方妥协是指在解决冲突过程中，运用情感与安抚的方法，使一方做出某些让步，满足另一方的要求。

(2) 双方妥协是指让双方冲突都得到部分满足，即在双方要求之间寻求一个折中的解决方案，互相做出让步。

当冲突双方因认识差异一时难以解决问题时，可以分别对双方进行沟通，使双方顾大体、识大局，互相宽容、互相谅解，争取合作，使双方认识到冲突带来的后果。

妥协策略适用的情境有：

(1) 势均力敌的双方坚持自己的目标时

当双方的力量不相上下并且对各自立场都坚信不疑，但又无法达成一致的时候，可使用这种策略。

(2) 对复杂问题可以达成暂时的和解方法时

为了避免直接的冲突，如果对复杂的问题，能够达成暂时的和解方法，就可以采取妥协的策略。

(3) 在合作或抗争不成功时

在其他策略不成功的情况下，为了不使冲突进一步恶化，必要时也应采取妥协策略。

(五) 冲突管理的方法

对冲突进行管理就是要坚持权变的观点，正视冲突特别是高层管理团队冲突的客观存在，采取有效措施，防止冲突发展成情感冲突，使冲突的负面作用减少，最大限度地发挥冲突的积极作用。

1. 冲突管理预警机制的构建

高层管理团队冲突对企业的发展起着重要的影响作用，如果冲突严重而不能解决，会引起高层管理危机，因此建立高层管理团队的预警机制很有必要。构建该预警机制的原则是：

(1) 对冲突变动情况进行监测和评价，以此明确冲突的安全状态及变动趋势。

(2) 对冲突的内外环境进行监测，以此明确企业高层管理成员所处的环境以及由此对冲突产生的正面或负面的影响。

(3) 建立冲突预警管理活动的评价指标体系，可分成二类指标：一类是评价指标，一类是预警指标。另外，必须构建预警部门，通过监测、识别、诊断、评价等步骤来分析企业面临的冲突状况，然后把分析结果反馈给决策部门，采取措施及时进行控制。

2. 营造公开交流和团队协作的氛围

如果在决策过程中，仅仅是少数人发挥作用，那么企业高层管理团队的价值也就不复存在了。所以，一定要培养一种既能提高绩效又能促进成员积极参与、公开交流、团结协作的氛围，公开的交流可以使高层管理团队成员真诚参与决策，加强团队成员的共识。尽管这种公开、坦诚的交流可能导致一些争论甚至冲突，但是如果团队成员能够认识到冲突是以决策目标为导向的，是为了提高绩效，他们就能积极对待冲突，从而提高团队成员的决策满意度。

3. 构建合理的权力结构

合理的权力结构往往能使得权力既不过于独裁又不过于平均。构建合理的权力结构，主要应做到：第一，变革组织结构。传统企业的组织结构，尤其是直线职能结构极易诱发破坏性冲突，因为传统职能结构的一大特点是同级之间的互逆协调性，即同一层次人员彼此相互独立，无法协调，既不能相互指挥，又出现多头领导，很多事情都靠上级跨部门协调。因此企业应改变金字塔式的组织结构，变为扁平化、网络化的组织结构，减少管理层次，扩大管理幅度，广泛引入工作团队。第二，改变管理模式。过度集权所带来的信息代理成本和过度分权所带来的过高代理成本都会引起决策总成本的上升，从而降低效率。因此必须改变传统的管理模式，实行知识化管理。随着知识化管理的实施，企业信息将会实现低成本传播，这样就会对过去的集权产生制约。

4. 确立目标导向机制

高层管理团队应共同参与企业共同愿景和目标任务的设计和确认。调查显示，高效的高层管理团队总是能把工作重点放在与核心问题有关的难题和事情上，高层管理团队如果缺乏共同目标就容易把彼此放在竞争的位置上，做出负面的决定。如果团队有共同目标，就会用更广的视野讨论企业的目标和怎样取得更高的绩效，虽然彼此在相关议题上有异议，但本质是建设性的。

二、技能训练

（一）活动训练

听与说

活动目的：

善于聆听，善于表达，避免冲突。

活动程序：

1. 介绍游戏背景。一架私人飞机坠落在荒岛上，只有6人存活，这时逃生工具只有一个能容纳一人的橡皮气球吊篮，没有水和食物。6个人分别是：

孕妇：怀胎8个月。

发明家：正在研究新能源，可再生无污染汽车。

医学家：今年研究艾滋病的治疗方案，已取得突破性进展。

宇航员：即将远征火星，寻找适合人类居住的新星球。

生态学家：负责热带雨林抢救工作。

流浪汉。

2. 请6位同学上台来参与游戏。一字排开逐一分配6名学员担任的角色。

3. 针对由谁乘坐气球先行离岛的问题，各自陈述理由。先复述前一人的理由再申述自己的理由。

4. 所有的扮演者按照要求表演完毕后，由台下的学员对台上学员所扮演角色的表达进行举手表决，谁的得票率高谁就获胜，游戏结束。

思考： 1. 如何对待他人不同的观点？

2. 从这个游戏中我们学到了什么？

（二）案例分析

驯服叛逆者

一位业绩一直第一的员工，认为一项工作的流程应该改进，她也和主管包括部门经理提出过，但没有受到重视，领导反而认为她多管闲事。

一天，她就私自改变了工作流程。主管发现了就带着情绪批评了她。而她不但不改，反而认为主管有私心，于是就和主管吵翻了，并退出了工作岗位。主管反映到部门经理那里，经理也带着情绪严肃批评了她，她置若罔闻。

于是经理和主管就决定严惩，认为即使不开除她，也要扣三个月奖金。

这位员工拒不接受。于是部门经理就把问题报告到老总那里。

老总于是就把这位早有耳闻的业务尖子叫到办公室谈话。没有一上来就批评她，而是让她先叙述事情的经过，通过和她交谈，交换意见和看法。老总发现这位员工确实很有思路，她改变的那项工作流程也确实需要改进，她还谈出了许多现行的工作流程和管理制度中存在的不完善之处。

老总的这种朋友式的平等的交流，真诚地聆听她的意见，让她感觉受到了重视和尊重，反抗情绪渐渐平息下来，从而开始冷静地反思自己的行为，从开始的只认为主管有错，到最后承认自己做得也不对。在老总策略性地询问下，她也说出了她认为自己的错误应该受到的处罚程度。最后她高高兴兴地离开了办公室。

此后，老总与部门经理以及主管交换了意见和看法，经理和主管也都认同了“人才有用不好用，奴才好用没有用”的道理。

大家讨论决定以该位员工自己认为应受的罚金减半，让她在班前会上公开做了自我检讨，并补一个工作日。她十分愉快地甚至是怀着感激之情接受了处罚，而且公司还以最快的速度把那项工作流程给改进了。

思考： 1. 冲突是如何产生的？

2. 老总与经理和主管对冲突问题的处理有何不同？

3. 这个案例给了我们什么启发？

三、同步练习

1. 什么是冲突？冲突有什么特点？
2. 简述冲突的过程。
3. 冲突管理常用的方法有哪些？
4. 你是如何处理日常生活中冲突事件的？

四、知识链接

注重建设性冲突

美国哈佛大学商学院奥娜德教授和管理咨询家施特劳斯女士在《哈佛商业评论》杂志上撰文，从生物学、心理学和认识论的角度，大力主张公司应建立一种带有“建设性冲突”的企业文化。

一家企业如果同时具有理智型和感性型、逻辑型和独特型、社会型和对立型等多姿多彩、不同性格的管理人员，这种多样性的企业文化在市场环境发生重大变化时就会释放出无限的智慧和生命力。

“日本的爱迪生”盛田昭夫则从自己的管理实践中体会到，通过一定的途径和方式激发良性冲突，让员工表达自己的不满，发表批评意见，对于企业非但不是不幸，反而有利于培养上下级一体的工作关系，使组织少冒风险。

盛田昭夫在公司里鼓励大家“公开提出意见”，即使对自己的上司，不要怕公开提出意见而发生冲突。他认为，“不同的意见越多越好，因为最后的结论必须更为高明”，“公司犯错的风险才会减少”。

被奉为全球成功企业家典范的通用电气公司前任 CEO 杰夫·韦尔奇就十分重视发挥建设性冲突的积极作用。

他认为，开放、坦诚、建设性冲突、不分彼此是唯一的管理规则。企业必须反对盲目地服从，每一位员工都应有表达反对意见的自由和自信，将事实摆在桌上进行讨论，尊重不同的意见。韦尔奇称此为建设性冲突的开放式辩论风格。

正是这种建设性冲突培植了通用电气公司独特的企业文化，从而成就了韦尔奇的旷世伟业。

学习任务三　危机管理能力训练

任何企业都处在风云莫测的市场环境中，企业是伴随着风险成长的。对于企业来说，危机管理不仅仅局限于处理突发性事件，更应注重对企业管理的深层次原因的挖掘，使危机管理成为企业管理中必不可少的组成部分。因此，作为企业的管理者不仅要有竞争观念，也要有危机意识，要掌握危机处理的方法和技巧，并将这些方法和技巧融入企业日常管理工作中，从而在面临危机时，能从容应对，获得生存的机会。

学习目标

1. 正确认识危机，掌握危机的特点和类型；
2. 掌握危机处理的基本原则；
3. 养成企业管理中的危机意识；
4. 学会制订危机处理预案。

任务导入

赢了官司，输了企业

1994年8月，吴炳新、吴思伟父子在济南用30万元的注册资金、不到3年的时间，就撬起了一个80亿元的大市场。

1996年，湖南常德市一60多岁老人陈伯顺突然死亡，其家人怀疑他是因为喝了三株口服液而致死的，于是将三株集团告上法庭，1996年6月湖南常德市中级人民法院做出陈伯顺是因服用三株口服液致死的一审判决，三株不服，上诉至湖南省高级人民法院后，三株公司在湖南市场上首次出现零销售，三株口服液及三株系列产品在全国的销售也陷入困境，生产三株口服液的两个现代化工厂全面停产。1999年3月25日，湖南省高级人民法院对三株与陈伯顺一案做出终审判决，三株胜诉。

尽管官司打赢了，但三株的衰败是无可避免的，三株的损失是不可挽回的。短短两年之内，这个年销售额达80亿元、号称中国最大的保健品企业的公司已陷入全面瘫痪。三株公司董事长吴炳新在胜诉之后痛心疾首：这场官司导致三株数十亿元的损失，10万人下岗。

思考：1. 一个客户的投诉就会影响企业的生存吗？

2. 什么是危机？企业可以避免危机吗？

3. 危机产生后企业该怎么处理？

一、知识预备

（一）危机与危机管理的概念

1. 危机的概念

站在不同的角度、不同的领域，采用不同的思维方式，对危机的认识、理解便会不同。在危机研究过程中，专家、学者们给危机赋予各种各样的定义。

斯蒂文·芬克把危机定义为：在确定的变化逼近时，事件的不确定性或状态。

劳伦斯·巴顿把危机定义为：惊奇、对重要价值的高度威胁、需要在短时间内做出决定的特定状态。

弗恩·班克思把危机定义为：对一个组织、公司及其产品或名声等产生潜在负面影响的事故。

斯格等人把危机定义为：一种能够带来高度不确定性和高度威胁的、特殊的、不可预测的、非常规的一系列事件。

2. 危机管理

危机管理有广义和狭义之分。广义的危机管理是指公共关系从业人员在危机意识或危机观念的指导下，依据危机管理计划，对可能发生或已经发生的公共关系危机事件进行预测、监督、控制、协调处理的全过程。狭义的危机管理通常与危机处理的概念一致，指对已经发生的公共关系危机事件的处理过程。

（二）企业危机的特点与类型

1. 企业危机的特点

（1）危机的普遍性

任何一个企业都是生存于社会这个大环境中的，在企业的成长过程中，都不可避免地遇到危机，危机的发生是必然的，也是普遍存在的。任何企业都不可能永远正确，也不可能一帆风顺地发展，遇到挫折，陷入危机，甚至灭亡，是事物发展的规律。这要求在企业管理中，一定要重视危机对企业的影响。

（2）危机的隐蔽性

危机并不是显而易见的，许多危机都具有很强的隐蔽性，不易被发现，这就要求企业需要收集整理并及时汇报有可能威胁企业的危机信息，做好危机处理预案。

（3）危机的紧急性

危机往往来势突然，发展迅猛，如果不及时处理，则损失巨大。因此，在危机刚发生的时候，企业要抓紧时间，立即实施应对措施，在危机还没巨变前把它控制在一定范围内。

（4）危机的公开性

现代社会，信息传播渠道多样化、速度的高速化、范围的全球化、使企业危机情境迅速公开化，成为公众关注的焦点。

（5）危机的双重性

中国古语“祸兮福所倚，福兮祸所伏”，这说明危机的双重性，即危险与机会同在。危机的危险表现在影响组织目标的实现，甚至危及企业的生存与发展。危机的机会在于，暴露了企业自身的弊端，便于对症下药。同时，危机处理得当，有利于提高企业的知名度和信誉度。

2. 企业危机的类型

企业在生产经营过程中，会面临各种各样的危机事件，归纳起来，主要有以下五种类型。

(1) 商誉危机

企业商誉是企业的产品和服务给公众带来的整体印象以及公众对其的评价。企业在产品质量、包装、性能、售后服务等方面处理不当，往往会损害消费者利益，使企业整体形象严重受损，信誉降低，陷入危机之中。

(2) 产品危机

企业如果在产品的包装设计、品种、质量等方面不能满足市场需求，不能为广大消费者所接受，那么产品将失去竞争力，从而造成产品的滞销，市场占有率下降，使企业陷入危机之中。

(3) 财务危机

企业在筹资、融资和投资的财务决策中，由于资金市场的变化，利率、汇率的调整变动，债务发行费用，股票市场的波动，投资单位经营状况等诸多因素的影响，将导致企业财务费用增加、投资收益减少、资金流断裂，最后因无法支付基本运营费用而被迫停业，无力偿付债务本息而被迫倒闭。

(4) 财产危机

企业在生产经营过程中，自然灾害（如台风、地震、水旱灾害）或人为事故（如火灾、交通事故等突发事件）的发生，给企业造成巨额的财产损失，企业经营难以为继。

(5) 人才危机

人才危机包括人才断层和人才流失危机。人才是企业发展的核心资源，中高层管理者是企业最为稀缺的人才，因此最容易产生断层危机。关键人才出走往往会引发由于技术断档或客户业务断档所引发的企业危机，特别是骨干人才的突然离去，必然会引发企业危机。

(三) 危机处理的基本原则

1. 承担责任原则

危机事件发生后，作为企业不能推卸责任或拒不承担责任甚至拒不承认有责任，要勇敢地承担起自己的责任，切忌遮遮掩掩、闪烁其词，否则企业的信誉就会受损，在公众心目中的形象也会大打折扣。

2. 真诚沟通原则

当危机事件发生后，企业处于危机漩涡中时，是公众和媒介的焦点。你的一举一动都将受到质疑，因此千万不要有侥幸心理，企图蒙混过关。而应该主动与新闻媒介联系，尽快与公众沟通，说明事实真相，促使双方互相理解，消除疑虑与不安。

3. 速度第一原则

好事不出门，坏事行千里。在危机出现的最初 12~24 小时内，消息会像病毒一样，以裂变方式高速传播。当危机事件发生时，作为组织所要做的重要工作之一就是及时、准确地把危机事件的真相告诉公众和媒体，以最快的速度做出反应，掌握处理危机事件的主动权，这样才能在第一时间赢得公众的理解和支持。

4. 系统运行原则

在逃避一种危险时，不要忽视另一种危险。处理危机过程是一个完整的系统，环环相扣，若要把危机事件处理得圆满，哪个环节都不能出问题，一个环节出现问题，必然影响到其他环节，绝不可顾此失彼。只有这样才能保证及时、准确、有效地处理危机事件。

5. 权威证实原则

作为企业，尤其是生产企业和经销企业，产品质量是企业赖以生存和发展的保障。产品质量的好坏不是自己说了算的，而要靠广大消费者在使用之后做出评价。企业应尽力争取政府主管部门、独立的专家或权威机构、媒体及消费者代表的支持，而不要自吹自擂，必须用“权威”说法，用“权威”来证明自己。

（四）危机管理的步骤

危机管理是企业在探讨危机发生规律，总结处理危机经验的基础上形成的新型管理范畴，是企业对危机的深化和对危机的超前反应。企业危机管理的内容包括：在危机出现前的预测与管理、危机中的应急处理以及危机的善后工作。

1. 危机预防

危机管理的重点就在于预防危机。正所谓“冰冻三尺非一日之寒”，几乎每次危机的发生都有预兆性。出色的危机预防管理不仅能够预测可能发生的危机情境，积极采取预控措施，而且能为可能发生的危机做好准备，拟订计划，从而从容地应付危机。

（1）树立正确的危机意识

要有生于忧患，死于安乐的危机意识，这是危机管理理念之所在。预防危机要伴随着企业经营和发展长期坚持不懈，在企业生产经营中，要重视与公众沟通，与社会各界保持良好关系；同时，企业内部要沟通顺畅，消除危机隐患。将危机预防作为日常工作的组成部分。全员的危机意识能提高企业抵御危机的能力，有效地防止危机产生。

（2）建立危机预警系统

现代企业是与外界环境有密切联系的开放系统，不是孤立封闭体系。预防危机必须建立高度灵敏准确的危机预警系统，随时收集产品的反馈信息。一旦出现问题，要立即跟踪调查，加以解决；要重视收集和分析企业内部的信息，进行自我诊断和评价，找出薄弱环节，采取相应措施。

（3）成立危机管理小组

成立危机管理小组，是顺利处理危机，协调各方面关系的组织保障。危机管理小组的成员应尽可能熟知企业和本行业内外部环境，具有富于创新、善于沟通、严谨细致、处乱不惊、具有亲和力等素质，以便于总览全局，迅速做出决策。

2. 危机处理

处理危机的措施一般分两类：一类是危机发生初期的应急措施；另一类是危机发生中后期的解决措施。这两类措施都有一定的参考方法，但是危机具有突发性、紧迫性，企业更应随机应变采取最有效的措施。

危机发生初期是最紧张的时期，其损失和影响扩散的速度最快，所以企业必须时刻关注，及时处理，采取应急措施。危机一般是突发事件，当企业知道危机发生后，应该沉着冷静，立即隔离危机，防止其蔓延。如果企业有该危机的处理预案，应该立即启动；如果企业没有此类危机的处理预案，要么选择最常用的处理方法，要么根据情况特殊处理。总之，企业的目的是及时控制危机、防止扩大。

3. 事后完善

危机是企业的一次特殊事件，通过危机可以让企业看到很多平时看不到的缺陷，还可以锻炼企业的抗风险能力。每一次危机过后，企业可以从中有所收获，如果不及时进行总结，就会丧失用代价换来的宝贵经验。同时，危机过后还有一些尚待改进的问题，如果不及时开展，就会丧失宝贵的完善时机。

危机基本结束后，企业应该进行反省，总结经验教训。一般根据先后顺序，可分三个步骤进行。第一，调查分析，找出危机产生的直接原因和根本原因。第二，全面评价危机管理工作，找出问题，总结经验。第三，整改，改进直接与危机相关的部门的管理，全面提高企业应对危机的能力，完善企业的危机管理体系。

二、技能训练

（一）活动训练

制订危机预案

活动目的：

1.建立危机意识，培养分析问题的能力；

2.学会制订危机预案；

3.培养团队合作的精神。

活动程序：

1.将全班同学按每组 5~7 人分成小组，每组选出一个负责人；

2.分析合作企业或学校可能出现的危机事件；

3.各组撰写危机处理预案；

4.总结、交流。

（二）案例分析

农夫山泉的危机事件

危机是突然发生或可能发生的危及组织形象、利益、生存的突发性或灾难性事故、事件等。巴菲特说：“建立起良好信誉要用 20 年，而毁掉它只需要 5 分钟。”

2013 年 3 月 8 日，消费者李女士向 21 世纪网表示，其公司购买的多瓶未开封农夫山泉 380 毫升饮用天然水中出现很多黑色的不明物。发现这些水中的黑色不明物后，消费者李女士曾与农夫山泉联系，但是农夫山泉坚称产品合格的做法让其很气愤，也并未解答其黑色不明物究竟是何物的疑问，李女士这才诉诸媒体。

2013 年 3 月 11 日，21 世纪网致电农夫山泉服务热线 8008571058，就农夫山泉的饮用天然水如何辨别真伪的问题进行询问，其工作人员表示：“目前 380 毫升的水在市场上没有假冒伪劣产品。”

2013 年 3 月 13 日，21 世纪网再次致电农夫山泉，其工作人员表示，此批次的水确实发现有黑色的类似颗粒的东西，但是有第三方检测机构检验结果表明此黑色不明物是矿物盐析出。不过，3 月 14 日，其另外一位工作人员却表示，不知道有此检测报告。

而农夫山泉为了表明水是合格的，提供了一份专门针对农夫山泉湖北丹江口有限公司2012年10月30日生产的饮用天然水检验报告。

2013年4月10日，《京华时报》发文称农夫山泉被指使用标准不如自来水。而实际上，在4月9日，《京华时报》已和农夫山泉进行了采访沟通，并按照农夫山泉的要求发去了采访提纲，而且采访提纲火药味十足，业内人一看就会明白《京华时报》是奔着负面报道来的。但遗憾的是，农夫山泉的公关居然没有引起重视，从而错过了最好的处理时机。

2013年4月11日，农夫山泉官微发布回应《京华时报》的公告，称该负面新闻幕后的策划者是华润怡宝。华润怡宝发布声明，称“我公司从未以任何方式对农夫山泉声明中所提到的做法予以任何形式的参与”。

2013年4月12日，《京华时报》报道，中国民族卫生协会健康饮水专业委员会确认农夫山泉标准不如自来水。农夫山泉针对华润怡宝的声明表示“不要有胆做，没胆认”，并在官微二次回复《京华时报》，称其产品品质高于任何标准。

2013年4月13日，《京华时报》报道称，农夫山泉的回应避谈有害物质指标宽松一事。

2013年4月14日，农夫山泉公布多地检测报告，三复《京华时报》，称其砷、镉、硒、硝酸盐和溴酸盐五项指标检测结果优于国标2~11倍。

2013年4月16日，农夫山泉四复《京华时报》，称农夫山泉产品全面优于GB5749-2006国家自来水标准，其中21项指标优于国标12~1 000倍，并称《京华时报》之前没有采访农夫山泉。

2013年4月17日，《京华时报》发文称农夫山泉一直不配合采访，却无端指责其不采访。此后，《京华时报》连续用多个版面质疑农夫山泉所用标准，而农夫山泉方面则一直坚称其产品品质高于任何标准。

2013年5月2日，北京市桶装饮用水销售行业协会下发《关于建议北京市桶装饮用水行业销售企业对“农夫山泉”品牌桶装水进行下架处理的通知》，要求北京市桶装饮用水行业各销售企业即刻对农夫山泉桶装饮用水产品做下架处理。农夫山泉公布美国国家测试实验室164项全套检测报告，称产品品质全面优于美国FDA瓶装饮用水质量标准。

2013年5月4日，《京华时报》称北京多数水站下架农夫山泉桶装水。

事后网络上议论纷纷，似乎有一个观点较多，就是这次农夫山泉的危机公关做得很差，这种观点越来越多之后，反而出现了戏剧性的微妙变化。

上海电视台：上海没有下架农夫山泉，抽查没有发现不合格。

浙江电视台：浙江没有下架农夫山泉，多次抽查没有发现不合格。

《人民日报》转载：浙江有关部门多次抽查农夫山泉多个工厂，没有发现不合格。

新浪网网民调查：超过50%的网民认为农夫山泉水质一定优于自来水，超过50%的网民认为此次事件背后有商业竞争可能。

如此看来农夫山泉水是没有问题了。

思考： 1. 在企业经营过程中，能否避免危机的发生？

2. 如果危机发生，企业该如何应对？

3. 如何评价农夫山泉对此次危机的处理？

三、同步练习

1. 什么是危机？什么是危机管理？

2. 危机的特点和类型。

3. 危机处理的基本原则有哪些？

4. 你认为企业该如何对待危机？

四、知识链接

博弈论

博弈论 (Game Theory)，有时也称为对策论，或者赛局理论，是研究具有斗争或竞争性质现象的理论和方法，它既是现代数学的一个新分支，也是运筹学的一个重要学科。目前在生物学、经济学、国际关系学、计算机科学、政治学、军事战略和其他很多学科都有广泛的应用。主要研究公式化了的激励结构（游戏或者博弈）间的相互作用，是研究具有竞争性质现象的数学理论和方法。

(一) 博弈论的基本概念

1. 局中人（players）

在一场竞赛或博弈中，每一个有决策权的参与者成为一个局中人。只有两个局中人的博弈现象称为“两人博弈”。而多于两个局中人的博弈称为“多人博弈”。

2. 策略 (strategies)

一局博弈中，每个局中人都有选择实际可行的完整的行动方案，即方案不是某阶段的行动方案，而是指导整个行动的一个方案，一个局中人的一个可行的自始至终全局筹划的一个行动方案，称为这个局中人的一个策略。如果在一个博弈中局中人都总共有有限个策略，则称为“有限博弈”，否则称为“无限博弈”。

3. 得失 (payoffs)

一局博弈结束时的结果称为得失。每个局中人在一局博弈结束时的得失，不仅与该局中人自身所选择的策略有关，而且与全体局中人所取定的一组策略有关。所以，一局博弈结束时每个局中人的“得失”是全体局中人所取定的一组策略的函数，通常称为支付(payoff) 函数。

4. 次序（orders）

各博弈方的决策有先后之分，且一个博弈方要做不止一次的决策选择，就出现了次序问题，其他要素相同而次序不同，博弈就不同。

5. 纳什均衡 (Nash Equilibrium)

纳什均衡又称为非合作博弈均衡，是博弈论的一个重要术语，以约翰·纳什命名。

在一个博弈过程中，无论对方的策略选择如何，当事人一方都会选择某个确定的策略，则该策略被称作支配性策略。如果两个博弈的当事人的策略组合分别构成各自的支配性策略，那么这个组合就被定义为纳什均衡。

一个策略组合被称为纳什均衡，每个博弈者的均衡策略都是为了达到自己期望收益的最大值，与此同时，其他所有博弈者也遵循这样的策略。

在纳什均衡点上，每一个理性的参与者都不会有单独改变策略的冲动。纳什均衡点存在性证明的前提是“博弈均衡偶”概念的提出。所谓“均衡偶”是在二人零和博弈中，当局中人A采取其最优策略a*，局中人B也采取其最优策略b*，如果局中人B仍采取b*，而局中人A却采取另一种策略a，那么局中人A的支付不会超过他采取原来的策略a*的支付。这一结果对局中人B亦是如此。

（二）博弈论的意义

博弈论的研究方法和其他许多利用数学工具研究社会经济现象的学科一样，都是从复杂的现象中抽象出基本的元素，对这些元素构成的数学模型进行分析，而后逐步引入对其形势产生影响的其他因素，从而分析其结果。

基于不同抽象水平，形成三种博弈表述方式，标准型、扩展型和特征函数型。利用这三种表述形式，可以研究形形色色的问题。因此，它被称为“社会科学的数学”。从理论上讲，博弈论是研究理性的行动者相互作用的形式理论，而实际上正深入到经济学、政治学、社会学等，被各门社会科学所应用。

博弈论是指某个个人或是组织，面对一定的环境条件，在一定的规则约束下，依靠所掌握的信息，从各自选择的行为或是策略进行选择并加以实施，从中取得相应结果或收益的过程，在经济学上博弈论是个非常重要的理论概念。

（三）博弈论分析

1. 经济学中的“智猪博弈”（Pigs’ payoffs）

这个例子讲的是：猪圈里有两头猪，一头大猪，一头小猪。猪圈的一边有个踏板，每踩一下踏板，在远离踏板的猪圈的另一边的投食口就会落下少量的食物。如果有一只猪去踩踏板，另一只猪就有机会抢先吃到另一边落下的食物。当小猪踩动踏板时，大猪会在小猪跑到食槽之前刚好吃光所有的食物；若是大猪踩动了踏板，则还有机会在小猪吃完落下的食物之前跑到食槽，争吃到另一半残羹。

那么，两只猪各会采取什么策略？答案是：小猪将选择“搭便车”策略，也就是舒舒服服地等在食槽边；而大猪则为一点残羹不知疲倦地奔忙于踏板和食槽之间。

原因何在？因为，小猪踩踏板将一无所获，不踩踏板反而能吃上食物。对小猪而言，无论大猪是否踩动踏板，不踩踏板总是好的选择。反观大猪，已明知小猪是不会去踩动踏板的，自己亲自去踩踏板总比不踩强吧，所以只好亲力亲为了。

“小猪躺着大猪跑”的现象是由于故事中的游戏规则所导致的。规则的核心指标是：每次落下的事物数量和踏板与投食口之间的距离。

如果改变一下核心指标，猪圈里还会出现同样的“小猪躺着大猪跑”的现象吗？试试看。

改变方案一：减量方案。投食仅为原来的一半分量。结果是小猪大猪都不去踩踏板了。小猪去踩，大猪将会把食物吃完；大猪去踩，小猪也将会把食物吃完。谁去踩踏板，就意味着为对方贡献食物，所以谁也不会有踩踏板的动力了。

如果目的是想让猪们去多踩踏板，这个游戏规则的设计显然是失败的。

改变方案二：增量方案。投食为原来的一倍分量。结果是小猪、大猪都会去踩踏板。谁想吃，谁就会去踩踏板。反正对方不会一次把食物吃完。小猪和大猪相当于生活在物质相对丰富的“共产主义”社会，所以竞争意识都不会很强。

对于游戏规则的设计者来说，这个规则的成本相当高（每次提供双份的食物）；而且因为竞争不强烈，想让猪们去多踩踏板的效果并不好。

改变方案三：减量加移位方案。投食仅原来的一半分量，但同时将投食口移到踏板附近。结果呢，小猪和大猪都在拼命地抢着踩踏板。等待者不得食，而多劳者多得。每次的收获刚好消费完。

对于游戏设计者，这是一个最好的方案。成本不高，但收获最大。

原版的“智猪博弈”故事给了竞争中的弱者（小猪）以等待为最佳策略的启发。但是对于社会而言，因为小猪未能参与竞争，小猪搭便车时的社会资源配置并不是最佳状态。为使资源最有效配置，规则的设计者是不愿看见有人搭便车的，政府如此，公司的老板也是如此。而能否完全杜绝“搭便车”现象，就要看游戏规则的核心指标设置是否合适了。

比如，公司的激励制度设计，奖励力度太大，又是持股，又是期权，公司职员个个都成了百万富翁，成本高不说，员工的积极性并不一定很高，这相当于“智猪博弈”增量方案所描述的情形。但是如果奖励力度不大，而且见者有份（不劳动的“小猪”也有），一度十分努力的大猪也不会有动力了——就像“智猪博弈”减量方案一所描述的情形。最好的激励机制设计就像改变方案三——减量加移位的办法，奖励并非人人有份，而是直接针对个人（如业务按比例提成），既节约了成本（对公司而言），又消除了“搭便车”现象，能实现有效的激励。

2. 囚徒困境博弈

1950 年，由就职于兰德公司的梅里尔·弗勒德和梅尔文·德雷希尔拟定出相关困境的理论，后来由顾问艾伯特·塔克以囚徒方式阐述，并命名为“囚徒困境”。经典的囚徒困境如下：

警方逮捕甲、乙两名嫌疑犯，但没有足够证据指控二人有罪。于是警方将两人分别置于不同的两个房间内进行审讯，对每一个犯罪嫌疑人，警方给出的政策是：如果一个犯罪嫌疑人坦白了罪行，交出了赃物，于是证据确凿，两人都被判有罪。如果另一个犯罪嫌疑人也作了坦白，则两人各被判刑 8 年；如果另一个犯罪嫌疑人没有坦白而是抵赖，则以妨碍公务罪（因已有证据表明其有罪）再加刑 2 年，而坦白者有功被减刑 8 年，立即释放。如果两人都抵赖，则警方因证据不足不能判两人的偷窃罪，但可以以私入民宅的罪名将两人各判入狱 1 年。表 5-2 给出了这个博弈的支付矩阵。

表 5-2 囚徒困境博弈

	甲沉默(合作)	甲认罪(背叛)
乙沉默(合作)	二人同服刑 1 年	甲即时获释;乙服刑 10 年
乙认罪(背叛)	甲服刑 10 年;乙即时获释	二人同服刑 8 年

我们来看看这个博弈可预测的均衡是什么。对甲来说，尽管他不知道乙作何选择，但他知道无论乙选择什么，他选择“坦白（背叛对方）”总是最优的。显然，根据对称性，乙也会选择“坦白（背叛对方）”，结果是两人都被判刑 8 年。但是，倘若他们都选择“抵赖”，每人只被判刑 1 年。

按照亚当·斯密的理论，每一个人都是从利己的目的出发，他们选择坦白交代是最佳策略。因为坦白交代可以期望得到很短的监禁，但前提是同伙抵赖，显然要比自己抵赖要坐10年牢好。这种策略是损人利己的策略。不仅如此，坦白还有更多的好处。如果对方坦白了而自己抵赖了，那自己就得坐10年牢。太不划算了！因此，在这种情况下还是应该选择坦白交代，即使两人同时坦白，至多也只判8年，总比被判10年好吧。所以，两人合理的选择是坦白，原本对双方都有利的策略 (抵赖) 和结局 (被判1年刑) 就不会出现。

这样两人都选择坦白的策略以及因此被判8年的结局被称为“纳什均衡”，也叫非合作均衡。因为，每一方在选择策略时都没有“共谋” (串供)，他们只是选择对自己最有利的策略，而不考虑其他对手的利益。也就是说，这种策略组合由所有局中人 (也称当事人、参与者) 的最佳策略组合构成。没有人会主动改变自己的策略以便使自己获得更大利益。“囚徒的两难选择”有着广泛而深刻的意义。个人理性与集体理性的冲突，各人追求利己行为而导致的最终结局是一个“纳什均衡”，也是对所有人都不利的结局。他们两人都是在坦白与抵赖策略上首先想到自己，这样他们必然要服长的刑期。只有当他们都首先替对方着想时，或者相互合谋 (串供) 时，才可以得到最短时间的监禁的结果。“纳什均衡”首先对亚当·斯密的“看不见的手”的原理提出挑战。按照斯密的理论，在市场经济中，每一个人都从利己的目的出发，而最终全社会达到利他的效果。

从“纳什均衡”我们引出了“看不见的手”的原理的一个悖论：从利己目的出发，结果损人不利己，既不利己也不利他。两个囚徒的命运就是如此。从这个意义上说，“纳什均衡”提出的悖论实际上动摇了西方经济学的基石。因此，从“纳什均衡”中我们还可以悟出一条真理，合作是有利的“利己策略”。但它必须符合以下黄金定律：按照你愿意别人对你的方式来对别人，但只有他们也按同样方式行事才行。也就是中国人说的“己所不欲勿施于人”，但前提是人所不欲勿施于我。其次，“纳什均衡”是一种非合作博弈均衡，在现实中非合作的情况要比合作情况普遍。所以“纳什均衡”是对冯·诺依曼和摩根斯特恩的合作博弈理论的重大发展，甚至可以说是一场革命。

3. 价格战博弈

现在我们经常会遇到各种各样的家电价格大战，彩电大战、冰箱大战、空调大战、微波炉大战……这些大战的受益者首先是消费者。每当看到一种家电产品的价格大战，百姓都会“没事儿偷着乐”。在这里，我们可以解释厂家价格大战的结局也是一个“纳什均衡”，而且价格战的结果是谁都没钱赚，因为博弈双方的利润正好是零。竞争的结果是稳定的，即是一个“纳什均衡”。这个结果可能对消费者是有利的，但对厂商而言是灾难性的。所以，价格战对厂商而言意味着自杀。一是竞争削价的结果或“纳什均衡”可能导致一个有效率的零利润结局。二是如果不采取价格战，作为一种敌对博弈论其结果会如何呢？每一个企业，都会考虑是采取正常价格策略，还是采取高价格策略形成垄断价格，并尽力获取垄断利润。如果垄断可以形成，则博弈双方的共同利润最大。这种情况就是垄断经营所做的，通常会抬高价格。另一个极端的情况是厂商用正常的价格，双方都可以获得利润。从这一点，我们又引出一条基本准则，“把你自己的战略建立在假定对手会按其最佳利益行动的基础上”。事实上，完全竞争的均衡就是“纳什均衡”或“非合作博弈均衡”。在这种状态下，每一个厂商或消费者都是按照所有的别人已定的价格来进行决策。在这种均衡中，每一企业要使利润最大化，消费者要使效用最大化，结果导致了零利润，也就是说价格等于边际成本。在完全竞争的情况下，非合作行为导致了社会所期望的经济效率状态。如果厂商采取合作行动并决定转向垄断价格，那么社会的经济效率就会遭到破坏。这就是为什么 WTO 和各国政府要加强反垄断的意义所在。

4. 污染博弈

假如市场经济中存在着污染，但政府并没有管制的环境，企业为了追求利润的最大化，宁愿以牺牲环境为代价，也绝不会主动增加环保设备投资。按照看不见的手的原理，所有企业都会从利己的目的出发，采取不顾环境的策略，从而进入“纳什均衡”状态。如果一个企业从利他的目的出发，投资治理污染，而其他企业仍然不顾环境污染，那么这个企业的生产成本就会增加，价格就要提高，它的产品就没有竞争力，甚至企业还要破产。这是一个“看不见的手的有效的完全竞争机制”失败的例证。20 世纪 90 年代中期，中国乡镇企业的盲目发展造成严重污染的情况就是如此。只有在政府加强污染管制时，企业才会采取低污染的策略组合。企业在这种情况下，获得与高污染同样的利润，但环境将更好。

5. 贸易战博弈论

这个问题对于刚刚加入 WTO 的中国而言尤为重要。任何一个国家在国际贸易中都面临着保持贸易自由与实行贸易保护主义的两难选择。贸易自由与壁垒问题，也是一个“纳什均衡”，这个均衡是贸易双方采取不合作博弈的策略，结果使双方因贸易战受到损害。X 国试图对 Y 国进行进口贸易限制，比如提高关税，则 Y 国必然会进行反击，也提高关税，结果谁也没有捞到好处。反之，如 X 和 Y 能达成合作性均衡，即从互惠互利的原则出发，双方都减少关税限制，结果大家都从贸易自由中获得了最大利益，而且全球贸易的总收益也增加了。

博弈论——这是一个热得烫手的概念。它不仅仅存在于数学的运筹学中，也正在经济学中占据越来越重要的地位（近几年诺贝尔经济学奖就频频授予博弈论研究者），但如果你认为博弈论的应用领域仅限于此的话，那你就大错了。实际上，博弈论甚至在我们的工作和生活中无处不在！在工作中，你在和上司博弈，也在和下属博弈，你也同样会跟其他相关部门人员博弈；而要开展业务，你更是在和你的客户以及竞争对手博弈。在生活中，博弈仍然无处不在。博弈论代表着一种全新的分析方法和全新的思想。

诺贝尔经济学奖获得者包罗·萨缪尔逊说：“要想在现代社会中做个有价值的人，你就必须对博弈论有个大致的了解。也可以这样说，要想赢得生意，不可不学博弈论；要想赢得生活，同样不可不学博弈论。”

思考：1. 我们生活在危机之中吗？

2. 当危机来临我们怎么办？

3. 怎样处理各种危机？

参考文献

[1] 周三多. 管理学[M]. 北京：中国石化出版社，2010

[2] 德鲁克. 管理的实践[M]. 北京：机械工业出版社，2009

[3] 斯科特·普劳斯. 决策与判断[M]. 北京：人民邮电出版社，2004

[4] 哈佛商学院出版公司编，胡浩（译）. 时间管理[M]. 北京：商务印书馆，2009

[5] 汪中求，吴宏彪，刘兴旺. 精细化管理[M]. 北京：新华出版社，2005

[6] 单凤儒. 管理学基础[M]. 北京：高等教育出版社，2012

[7] http://kaifulee.diandian.com/post/2011-03-13/14702

[8] 史秀云. 管理学基础与实务[M]. 北京：北京交通大学出版社，2010

[9] 杨和平，张智，杨建宏. 管理能力训练教程 [M]. 重庆：重庆出版社，2009

[10] 杨和平. 实用管理学[M]. 重庆：重庆出版社，2009

[11] 谢伟宁. 企业管理[M]. 北京：北京交通大学出版社，2010

[12] http://www.mhjy.net/portal.php

[13] 沈莹. 现代人力资源管理概论[M]. 北京：中国人民大学出版社，2005

[14] 林忠，金延平. 人力资源管理[M]. 大连：东北财经大学出版社，2006

[15] 刘金章，孙可娜. 现代人力资源管理[M]. 北京：高等教育出版社，2005

[16] 张岩松，周瑜弘，李健等. 人力资源管理方案[M].北京：中国社会科学出版社，2006

[17] 潘晓云. 人力资源管理[M]. 上海：立信会计出版社，2005

[18] 董克明，叶向峰. 人力资源概论[M]. 北京：中国人民大学出版社，2003

[19] 王丹民. 人力资源管理[M]. 北京：清华大学出版社，2006

[20] 余凯成. 人力资源开发与管理[M]. 大连：大连理工大学出版社，2003

[21] 赵署明. 人力资源管理[M]. 北京：电子工业出版社，2003

[22] 李燕萍. 人力资源管理[M]. 武汉：武汉大学出版社，2006

[23] 孟庆伟. 人力资源管理[M]. 北京：清华大学出版社，2006